AF465122

LA CHAPELLE

DU

SAINT-LAICT

DANS LA

CATHÉDRALE DE REIMS

PAR LOUIS PARIS

REIMS
LIBRAIRIE MICHAUD
23, Rue du Cadran-Saint-Pierre, 23.

1885

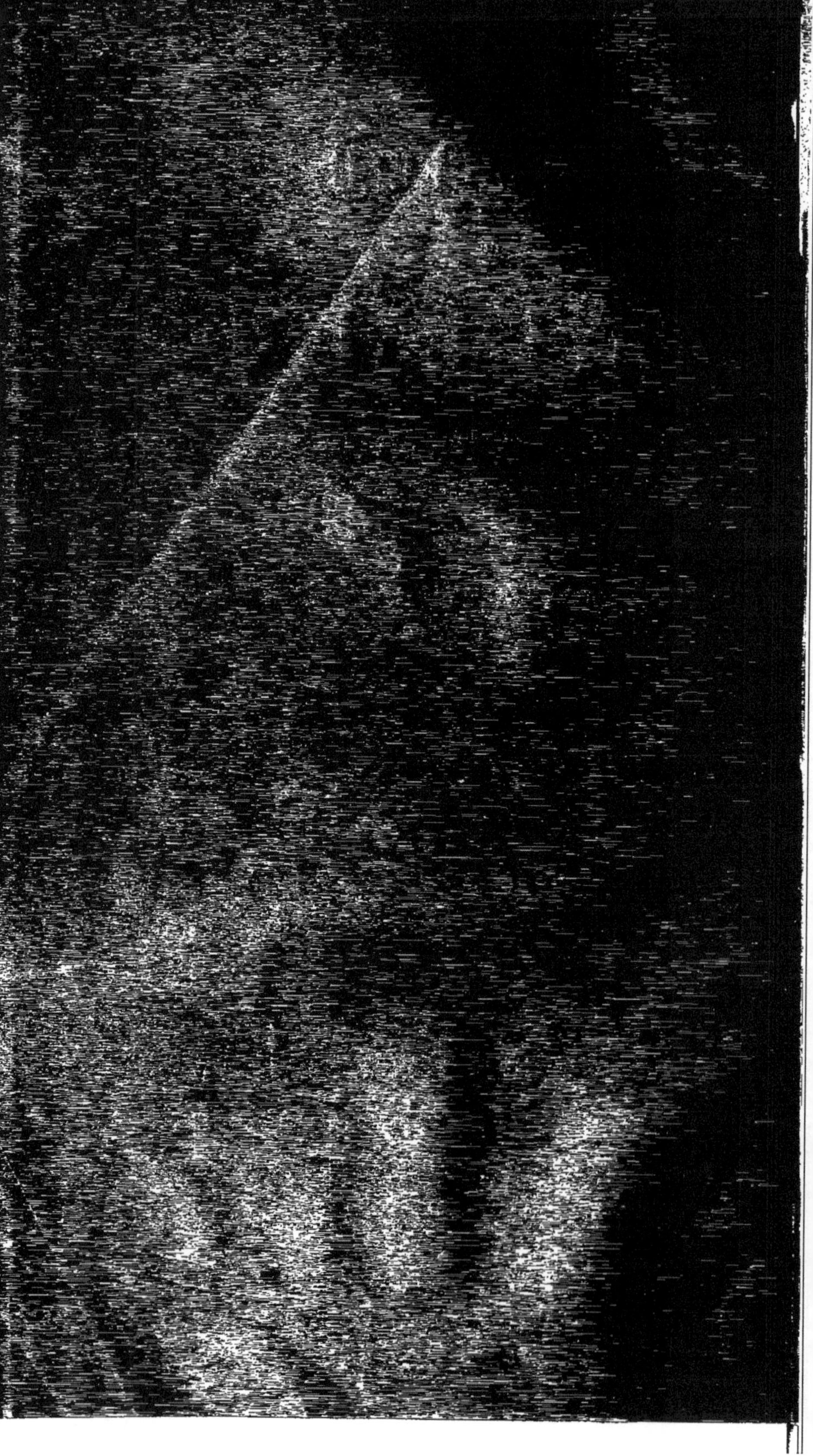

CHAPELLE

DU

SAINT-LAICT

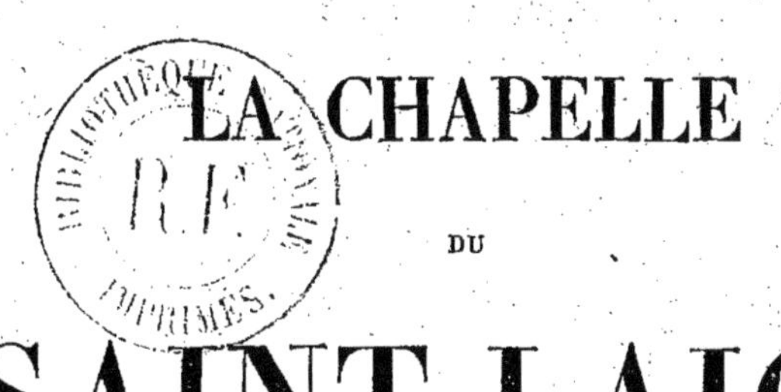

LA CHAPELLE

DU

SAINT-LAICT

DANS LA

CATHÉDRALE DE REIMS

PAR LOUIS PARIS

ÉPERNAY
IMPRIMERIE BONNEDAME ET FILS

—

1885

TABLE DES MATIÈRES

Le mémoire que nous nous décidons à mettre au jour est écrit depuis un assez grand nombre d'années : il faisait partie d'un travail plus étendu, ayant primitivement pour titre : *Histoire et description de l'intérieur de Notre-Dame de Reims :* travail que l'Académie de Reims et l'Institut avaient bien voulu distinguer, mais qui n'en est pas moins resté inédit dans les archives académiques, où, nous dit-on, quelques curieux monographes n'ont pas dédaigné d'y prendre ce qui leur pouvait convenir : péché tout véniel, s'il en fût jamais !

Les restaurations récentes de la Chapelle de la Vierge, naguère *Chapelle du Saint-Laict*, nous ont remis en mémoire nos études d'autrefois, et quoique notre époque soit moins que toute autre favorable à ce genre de recherches, nous nous décidons à les tirer des limbes où bien des années de sommeil et d'oubli les ont plongées : puissions-nous échapper à l'anathème du Roi prophète : *Abyssus abyssum invocat !*

L. P.

L'AUTEL DU SAINT-LAICT

I.

Des Autels et des Chapelles dans les Églises Catholiques.

NÉ au sein d'une société toute matérielle, dont les arts avaient divinisé les passions les plus immondes, le christianisme, à son origine, affecta une horreur invincible pour le culte des images et des vains simulacres. La piété des fidèles, émue par le courage des martyrs et la vertu des confesseurs, élevait, sur le lieu même de leur supplice, ou dans la retraite de celui qui l'avait souffert, un modeste monument qui prenait indistinctement le nom de *confessio* ou de *testimonium*. Bientôt la vénération publique sanctifiait le tombeau, et le monument, revêtu d'une table consacrée, devenait l'autel où le prêtre offrait à Dieu les prières des fidèles assemblés.

Après ces oratoires si simples dans leur exécution, vinrent les véritables églises. On n'a que des données incertaines sur leur forme et leur disposition dès les premiers temps. Eusèbe, évêque de Césarée au commencement du IVe siècle, est le premier qui nous en parle; il est vrai qu'il avait vu les églises ruinées par les édits de Dioclétien, et celles qui furent rebâties par les ordres et les libéralités de Constantin; et, d'après Sozomène, continuateur de Socrate et d'Eusèbe, celles-ci différaient peu des premières. « On répara, dit-il, les églises qui étaient assez grandes, on en rebâtit de neuves en certains endroits, et l'empereur fournit à la dépense nécessaire. » — La conversion de Constantin au IVe siècle devait être utile aux monuments du christianisme. On ne voit pas cependant que la piété publique appelât le concours des artistes pour la décoration de ses premiers édifices : hardie novatrice dans l'objet de son culte, elle invente peu dans l'exécution de ses monuments; à l'exception des images, que, par haine de l'idolâtrie, elle proscrit d'abord radicalement, devenue triomphante et riche, on la voit adopter les formes vulgaires de l'architecture bâtarde que lui lègue l'époque de la décadence à laquelle remonte son existence politique.

La conversion de Constantin n'entraîna pas celle de tout l'empire; on sait suffisamment qu'elle ne fut guère qu'un fait individuel, et que, pendant son règne, le paganisme continua à dominer au sein de la ville éternelle. Ce ne fut que sous Théodose, en 389, que le christianisme devint religion de l'état. Ce prince chassa les dieux de leurs autels, renversa leurs temples, ou les affecta au service de la croix. — Mais la disposition de la plupart de ces temples n'était pas le moins du monde en harmonie avec les exigences du nouveau culte. Les difficultés contre lesquelles luttait l'art de bâtir avant l'invention de la voûte, obligeaient les architectes à restreindre l'enceinte des temples du paganisme. Aussi, les rites sacrés étaient-ils en quelque sorte accomplis par le prêtre seul; les laïques n'étaient admis qu'à déposer les offrandes d'usage. Aucun des édifices du polythéisme ne pouvait par cela même convenir à la religion nouvelle, qui exigeait à certaines époques la réunion de la communauté des fidèles. Il fallut recourir à d'autres constructions plus spacieuses; le génie de l'art chrétien les eût indubitablement conçues, s'il ne les eût trouvées à peu près exécutées. Il y avait à Rome une espèce de bâtiment dont la forme semblait calculée pour les besoins du christianisme. Nous voulons parler des basiliques ou palais des empereurs, dans les dépendances desquels se rendait la justice. Quoiqu'elles ne fussent dans l'origine que des cours de justice, plusieurs étaient devenues des espèces de bourses dans lesquelles les hommes d'affaires se réunissaient pour traiter de leurs intérêts. Pline nous apprend que de son temps on en comptait dix-huit dans la seule ville de Rome. Vitruve nous a laissé de curieux renseignements sur la forme à donner aux basiliques (1). Les détails architectoniques dans lesquels l'artiste romain entre à ce sujet nous révèlent certainement dans la basilique romaine le type primitif de nos églises actuelles.

M. Hope, dans son remarquable ouvrage, en commentant Vitruve, fait habilement ressortir le parti que tirèrent les chrétiens des palais appelés basiliques. « Le corps principal de l'édifice, de forme oblongue, se divisait en trois parties : une allée centrale, formée par un double rang de colonnes et deux ailes latérales, l'une pour les hommes, l'autre pour les femmes qui attendaient le moment de se présenter devant leurs juges. Ces trois lignes longitudinales aboutissaient également à une construction transversale élevée de quelques degrés et destinée aux avocats, aux notaires et autres gens de loi. Précisément en face de l'allée centrale, ce transept s'arrondissait en hémicycle, surmonté d'un plafond cintré et saillant. Ces sortes de

(1) « Leur largeur doit être au moins de la troisième partie de leur longueur, ou de la moitié tout au plus, à moins que le lieu ne permette pas d'observer cette proportion. La hauteur des colonnes des basiliques doit être égale à la largeur des portiques (*a*), et cette largeur sera de la troisième partie de l'espace du milieu. J'en ai fait bâtir une en la colonie julienne de Fano, où j'ai observé les proportions qui suivent : la voûte du milieu est longue de cent vingt pieds et large de soixante; les portiques qui sont aux côtés de la grande voûte entre les murs et les colonnes ont vingt pieds de largeur ; les colonnes avec les chapiteaux ont toutes cinq pieds hauteur et cinq de diamètre. » *Vitruve*, liv. V, chap. 1er.

(*a*) Vitruve entend par portiques les ailes qui sont aux côtés de la grande voûte du milieu, et que l'on appelle bas-côtés dans nos églises.

construction, fréquentes dans les derniers temps de l'architecture romaine, s'appelaient en grec *absis*, et en latin *tribuna*. Là siégeaient le magistrat et ses assesseurs, et c'est de là que les cours de justice ont reçu dans la suite le nom de tribunaux. D'autres pièces, carrées ou demi-circulaires, se dégageaient sur les allées latérales et avaient diverses destinations.

» On voit donc, ajoute M. Hope, que la basilique répondait aux exigences du culte chrétien, non-seulement par ses dimensions plus grandes, mais aussi par sa distribution particulière... Les constitutions apostoliques voulaient que l'église représentât le vaisseau de saint Pierre. Or, l'avenue centrale offrait l'image de ce vaisseau ou nef, dont elle garde même encore le nom, et les avenues latérales maintenaient entre les sexes cette séparation, considérée dans les temps primitifs comme nécessaire à l'église, aussi bien que dans les cours de justice. Une partie de la nef, divisée par une cloison, pouvait être réservée aux chantres qui psalmodiaient les louanges du Seigneur, et garnie d'ambons ou pupitres, à l'usage des diacres qui lisaient les Écritures. L'autel sur lequel on célébrait le saint sacrifice se plaçait naturellement à l'extrémité de la nef, au centre du transept, qui, par sa disposition à l'égard de la nef, semblait déjà, au sein même du paganisme, présager le triomphe futur de la croix. Dans l'abside centrale, il était facile d'élever un siége dominant également l'autel et l'assemblée; là, au lieu du magistrat, pouvait siéger l'*episcopus*, l'évêque, dont le nom, comme la charge, impliquait le devoir de surveiller tout ce qui l'entourait; tandis que le clergé, rangé à droite et à gauche, représentait les assesseurs du magistrat. Quant aux absides latérales, elles pouvaient servir de sacristie et de lieux de purification. »

Nous n'avons pas la prétention, par ces extraits, de révéler au lecteur les travaux de Vitruve, ni même d'apprendre à personne l'étymologie du nom de basilique, donné à nos églises; nous voulons tout simplement rappeler la forme primitive de nos monuments religieux, et prouver qu'à part les hardiesses ogivales du moyen-âge, il n'a rien été changé à la disposition des premières églises chrétiennes.

Seulement, outre les formes architecturales, quelques innovations notables eurent lieu dans les choses du culte. Il est cértain, d'après les liturgistes et les vestiges conservés des plus anciennes basiliques, qu'il n'y avait au commencement qu'un seul autel dans chaque église. L'autel représentait l'unité de Dieu, l'unité du sacerdoce, l'unité de l'Église. Eusèbe, dans sa description de l'église de Tyr, ne laisse aucun doute à cet égard : *Altare sit in medio sanctuarii : augustum, porrò ingens et unum altare quid aliud significat quàm purum, sanctum sanctorum qui est communis omnium sacerdos pontifex Jesus ?*

Qu'ils fussent de bois, de pierre ou de marbre, les autels devaient être creux, et leur vide servir à recueillir les reliques des saints. Elles y étaient disposées de façon à être vues par une petite ouverture pratiquée à l'un des côtés de l'autel. Grégoire de Tours donne le nom de coffre à l'autel de bois de Sainte-Croix de Poitiers. Cet usage de faire de l'autel même la fierte du saint martyr en vénération dans chaque église remontait, comme nous l'avons dit au commencement de ce chapitre, à l'origine du christianisme. Il se maintint parmi nous jusqu'au XVIe siècle. A cette époque, les profanations des huguenots, qui s'adressaient surtout aux reliques des saints, firent cesser l'usage des autels creux. Toutefois on en trouve encore dans quelques-unes de nos églises, et notamment à Châlons, à Laon et en d'autres villes de notre province de Champagne.

Il n'y avait certainement qu'un autel dans chaque église, aux premiers temps du christianisme; cependant on ne tarda point à les doubler. Quand le nombre des chrétiens, devenu plus grand, eut nécessité l'ordination d'un plus grand nombre de prêtres, il fallut également multiplier les autels. Le zèle des fidèles ne suffisait pas toujours aux dépenses qu'entraînait l'édification de nouvelles églises; alors on imagina de construire dans la même enceinte plusieurs autels au service de chacun desquels un prêtre fut attaché. Grégoire de Tours, parlant de l'église de Saint-Pierre de Bordeaux, dit qu'il s'y en trouvait deux ; puis, dans un autre endroit de son livre, il écrit qu'il célébra lui-même la messe sur trois autels différents d'une même église paroissiale du diocèse de Soissons. Il est d'ailleurs évident que le culte des saints une fois établi dans l'Église, il fallut songer à multiplier ces autels. Pallade, évêque de Saintes au VIIe siècle, en fit élever treize dans sa cathédrale; il y a apparence qu'ils étaient dans des chapelles particulières attachées au corps de l'église, puisque saint Grégoire le Grand, de qui l'on tient ce fait, veut qu'il soit pourvu à la subsistance des chapelains qui devaient desservir ces autels : *Provisuri ante omnia ut servientibus ibidem non debeant alimoniarum deesse suffragia.*

Ceci nous amène à parler plus particulièrement des chapelles et de leur destination dans les grandes églises.

Bignon, dans ses notes sur Marculfe, pense que le mot chapelle vient de *capsa*, châsse, coffre, dans lequel étaient conservées les reliques de saint Martin, avec celles de plusieurs autres saints. Ducange croit que le mot *capella* vient, non point de la châsse, *capsa*, mais de la chappe, *cappa*, de saint Martin, laquelle chappe était conservée dans une tente royale appelée *cappella*, sous laquelle se célébrait le service divin.

Bien que les *Capitulaires* de Charlemagne et le concile de Thionville de l'an 804 défendissent de multiplier les autels dans une même église, *de altaribus ut non superabundent in ecclesiâ*, le nombre en fut généralement fixé à sept, en mémoire des sept dons du Saint-Esprit. C'est alors que l'art dut s'exercer pour adapter les formes de l'architecture aux nécessités du culte. Tant que les églises avaient été construites sur les modèles du paganisme, c'est-à-dire suivant les cinq ordres de l'antiquité, l'édification des autels et des chapelles secondaires avait dû causer un trouble étrange dans les diverses parties de l'édifice, en surchargeant les façades et en altérant la raideur inflexible des lignes. Mais les découvertes de l'architecture lombarde, et surtout du système ogival, offrirent bientôt aux artistes d'inépuisables ressources. Le prolongement des bas-côtés parallèlement au chœur, au-delà des transepts et dans toute la courbure de l'abside, vint se prêter le plus heureusement du monde aux nouvelles exigences. D'élégantes chapelles, à l'architecture svelte et tenue, aux découpures délicates et hardies, enrichirent l'édifice et rayonnèrent autour du sanctuaire. Malheureusement, l'indiscrète vanité des gens du monde, et, il faut le dire, l'insatiable cupidité des gens d'église poussèrent jusqu'à l'abus la possibilité de ces constructions auxiliaires. On sait assez que, contrairement à l'esprit de communauté et de fraternité commandé par l'Évangile, les princes, les seigneurs féodaux obtinrent le droit de construire dans l'enceinte de leurs châteaux des autels, des oratoires; où le chapelain rétribué venait officier à leur commandement, et par ce moyen les dispenser de paraître aux grandes églises paroissiales. A ce mépris de la loi succéda bientôt un autre abus. Non contents d'avoir chez eux des chapelles seigneuriales qui les dispensaient de sortir de leur habitation, les grands voulurent pouvoir paraître aux solennités dans les églises sans éprouver l'ennui d'être mêlés à la foule, au commun des fidèles. Ils s'arrogèrent donc le droit de faire construire des chapelles anormales dans les grandes églises. La dévotion envers tel saint dont on croyait avoir éprouvé la protection décidait à le prendre pour patron et à lui vouer un culte. Avec l'autorisation de l'évêque, du chapitre et du curé, on disposait dans l'église d'un emplacement libre, d'une salle basse ou latérale, d'un revestiaire, de l'angle d'une des nefs, ou tout simplement du bas d'un pilier, pour y édifier une chapelle qui devenait spécialement celle de la maison, des amis et des familiers, à la charge par le fondateur de la décorer, de la pourvoir des objets nécessaires au culte, de la doter, et de tolérer que les chanoines en usassent pour y faire acquitter par le chapelain quelques-unes des nombreuses fondations dont ils avaient le bénéfice. Tout en restant nominativement à la disposition d'une famille, une simple chapelle était parfois riche de cinq ou six dotations, qui, sous le titre de chapellenies et simplement *chapelles,* étaient acquittées ou desservies par autant de chapelains.

De cette prodigalité d'autels secondaires et de chapelles bénéficiales, il dut résulter à la longue pour nos églises le même inconvénient dont nous parlions tout-à-l'heure pour les basiliques de l'antiquité. Cela en vint à un point tout-à-fait choquant, et si bien qu'un liturgiste du XVIIe siècle, en parlant de la défense que fit Charlemagne de multiplier les autels superflus, s'écrie : « Et qu'auroit dit ce prince, s'il avoit vu comme nous des autels plaqués indécemment contre le mur, à tous les piliers et à tous les coins et recoins de nos églises? »

Nous n'avons pas de notions certaines sur la forme architecturale des chapelles primitives de notre cathédrale. Nous retrouvons bien, dans les titres de l'ancienne fabrique, des chartes et des pièces constatant l'existence de ces chapellenies, même avant la reconstruction de l'édifice actuel, dans la cathédrale d'Hincmar ; mais rien ne nous dit si toutes ces chapelles qui rayonnaient autour de l'abside et du sanctuaire, et qui furent détruites au XVIIIe siècle, comme nous le dirons plus loin, dataient de la création de l'édifice, ou si plutôt elles n'étaient pas l'œuvre du XVe siècle, époque d'une révolution notable dans l'art. — Dans la revue que nous nous proposons de faire des ruines amoncelées dans la cathédrale de Reims par le zèle mal entendu, l'ignorance coupable ou le brutal et inepte vandalisme, nous ferons l'histoire de chacune de ces chapelles, ce qu'aucun des historiens de la cathédrale n'a encore entrepris. Avant tout, commençons par ce qui est relatif à la chapelle du Saint-Laict, objet principal des présentes recherches.

II.

De la Relique du Saint-Laict.

Nous n'avons pas à faire notre profession de foi touchant les reliques que l'on honorait autrefois dans les églises de la chrétienté, et notamment dans celle de Notre-Dame de Reims. La simplicité des temps se prêtait à de pieuses fictions. De preux chevaliers, des pèlerins dévoués allaient visiter les saints lieux où la tradition chrétienne semblait devoir s'être fidèlement transmise. Ils en rapportaient de touchants souvenirs, qui, déposés sur les autels, suivant la main qui les offrait, passaient pour reproduire l'image d'objets sacrés. Peu à peu les esprits s'habituaient à voir l'objet même dans ce qui n'en était souvent qu'une infidèle copie. Quel était le trompeur en ceci? Le pèlerin, qui honorait d'un culte pieux l'image d'un monument vénéré? Le fidèle, qui, dans sa simplicité, attribuait à cette image les vertus présumées de l'original même? Ni l'un ni l'autre, à notre avis. Tout ceci était affaire de bonne foi et témoignait d'une piété naïve, sincère et partant respectable. Or, de nos jours, pour attaquer ces croyances, il n'est nullement besoin de crier à l'imposture, à la rapacité. L'époque actuelle est, nous n'en doutons point, supérieure en intelligence à ces siècles naïfs du moyen-âge; mais ce serait, il nous semble, faire preuve d'un esprit peu philosophique que d'en être encore, en matière de reliques et de miracles, aux arguments grossiers de Calvin ou de Luther, aux sarcasmes irreligieux des réformateurs du XVIIIe siècle.

Les églises métropolitaines et d'ancienne fondation devaient recueillir dans le cours de leur existence de fréquents et précieux témoignages de la reconnaissance et de la piété des peuples. En ces temps de foi sincère, les reliques des saints étaient sollicitées avec instance, accueillies avec ferveur, et représentaient à elles seules la principale richesse d'une basilique. La confiance du peuple, la dévotion des grands et le zèle de tous étaient en proportion des trésors de ce genre que possédait une église.

La cathédrale de Reims, placée sous l'invocation de la Vierge, et signalée au monde chrétien par les merveilles de l'apostolat de saint Remi, ne pouvait pas se borner à exposer à la dévotion de ses fidèles des reliques vulgaires, que l'on pût rencontrer partout : elle devait, notamment parmi ses raretés miraculeuses, posséder quelques précieux souvenirs de la glorieuse mère du Christ.

Entre autres reliques supposées venir de la sainte Vierge, l'église de Reims au moyen-âge était réputée posséder quelques gouttes du précieux lait dont avait été nourri le Sauveur des hommes. D'où provenait ce miraculeux lait? Qui l'avait reçu? A quels moments de l'enfance persécutée de Jésus avait-on pu arriver jusqu'à la mère du Sauveur et recueillir les gouttes échappées de son sein virginal? Dans quelles prévisions d'une divinité non encore révélée avait-on acquis ce témoignage de l'enfance humaine de Jésus? — Toutes questions insolubles aujourd'hui, comme au moyen-âge sans doute, mais devant lesquelles ne s'arrêtait pas la foi robuste de nos pères.

Quoi qu'il en soit, et bien qu'il n'y eût doute à Reims sur

l'authenticité de la relique, on y était médiocrement d'accord sur l'origine du reliquaire. Les mémoires du temps semblent établir et reconnaître que cette parcelle du saint lait avait été envoyée à l'église métropolitaine par le pape Adrien. Mais par quel Adrien? La *Chronique* de Maitre Ant. Colart nomme le pape Adrien IV, et fixe l'octroi à l'année 1155, sous le pontificat de l'archevêque Samson; tandis que Jean Lebègue, docteur en théologie, à la fin de son catalogue des archevêques de Reims, attribue ce signalé présent à Adrien V, lequel avait été archidiacre de Reims sous le nom d'Ottobonus. — Mais d'où l'avait tiré le pape Adrien? Sans doute, disent les anciens auteurs rémois, de ce lait miraculeux dont parle le continuateur de Sigebert (*ad ann.* 1124) à l'occasion du combat qu'en cette année, pendant la captivité de Baudouin II, les chrétiens livrèrent aux infidèles. On sait, en effet, que partie de ce miraculeux lait fut quelque temps après apportée à Rome par Foulques, patriarche de Jérusalem.

Parlant du combat qui fut livré en 1124, pendant la captivité de Baudouin II, Robert du Mont, continuateur de Sigebert, s'exprime ainsi : « Les infidèles, enorgueillis, s'assemblent au nombre de quarante mille pour chasser les chrétiens de leur territoire, et réunissent tous leurs bagages à Ascalon. Les chrétiens, n'espérant qu'en Dieu, commandent, à l'exemple des Ninivites, un jeûne aux deux sexes. Les enfants à la mamelle sont privés du sein de leurs mères, et les troupeaux mêmes de leur pâturage. On arrête le jour du combat. Les chrétiens s'avancent au nombre de trois mille au plus, tant cavaliers que piétons. Les princes marchent à leur tête. Le patriarche portait la croix du Christ pour étendard; Ponce, qui avait été abbé de Cluny, tenait la lance qui perça le flanc du Seigneur. L'évêque de Bethléem avait en main un vase où était renfermé du lait de la sainte Vierge : *Episcopus Bethleemi ferens in pixide lac sanctæ Mariæ Virginis.* » (1)

(1) L'auteur continue le récit du combat. « Un prodige céleste vient jeter le trouble dans l'armée ennemie, qui est entièrement défaite; sept mille hommes périssent les armes à la main; cinq mille sont noyés, et tous les chrétiens, sains et saufs, s'en retournent en chantant des hymnes à la gloire de Dieu. »

Mais ce point de départ n'était pas assez reculé pour satisfaire les exigences des scrupuleux. Les légendaires trouvèrent une autre origine aux différentes reliques du saint lait conservées dans nos églises. « Plusieurs écrivains très-graves, dit Dachery, dans son *Commentaire de Guibert de Nogent*, estiment que le saint lait conservé jusqu'à nous, cette liqueur d'une blancheur éclatante, fut épanché par la sainte Vierge, reine des cieux, en faveur de ses plus fervents serviteurs : *Volunt aliqui et quidem gravissimi scriptores, lac illud conservatum, candidissimum esse liquorem quia beatâ Virgine jàm in cœlo regnante, suis se unicè amantibus diffusum est.* » Cette tradition, ajoute-t-il, est consignée dans l'ancien catalogue des évêques de Chartres, où l'on trouve ces mots, à propos du bienheureux Fulbert : « Fulbert étant tombé malade, fut visité par la Vierge, dont il s'était montré le fidèle disciple : *Et linguam ejus, jàm sacro igne consumptam, lactis de mamillâ recenter extracti infusione sanavit. Undè accidit tres guttas lactis super facie remansisse, quas recollegit et in pretioso vase ad hoc apto reponit; quæ usque ad præsens in Ecclesiâ certis temporibus venerantur.* »

Cette origine, il faut l'avouer, nous semble aujourd'hui fort suspecte et offre prise au scepticisme; mais, encore une fois, au moyen-âge la foi était grande et l'examen peu rigoureux; puis il ne nous est pas démontré, comme nous l'avons insinué plus haut, qu'alors la piété des fidèles demandât pour se manifester autre chose qu'une simple image ou représentation d'un objet sacré. — Les respects s'adressaient à la pierre qui reproduisait les traits de la Vierge et des saints; ne pouvaient-ils sans superstition s'adresser également à une imitation, à une représentation figurée du lait dont avait été nourri le Christ? Il n'y a pas absolue nécessité de considérer nos pères comme courbés sous le joug d'une crédulité ridicule, aveugle ou stupide. La raison, unie à la piété, trouve au culte des images une explication toute naturelle, et nous ne doutons pas, pour notre part, que les hommes instruits, à cette époque reculée, ne sussent, tout aussi bien que le feraient ceux de notre temps, distinguer un objet authentique de son imitation. Seulement il y avait une convention tacite de respecter presque à l'égal d'une véritable relique ce qui n'en était qu'une pieuse représentation. Le culte des images, si accrédité dans l'Église catholique, n'est rien autre chose que l'expression de cette tolérance.

Après ceci, parlerai-je des sarcasmes que la relique du saint lait inspira dans tous les temps aux esprits forts, et citerai-je surtout les ignobles plaisanteries de Jean Calvin ? Il n'est guère utile, à moins que ce ne soit pour montrer au lecteur jusqu'où purent aller, au temps des disputes de religion, la grossièreté, l'insupportable insolence des coryphées de la réforme.

« Quant à la Vierge, dit Jean Calvin dans son *Traité des reliques*, pour ce que les catholiques tiennent que son corps n'est plus en terre, le moyen leur est osté de se vanter d'en avoir les os ; autrement je pense qu'ils eussent fait accroire au monde qu'elle avoit un corps pour remplir un charnier. Au reste, ils se sont vengés sur ses cheveux et sur son laict, pour avoir quelque chose de son corps... Du laict, il n'est jà mestier de nombrer les lieux où il y en a; et aussi ce ne seroit jamais fait : car il n'y a si petite villette, ni si méchant convent, soit de moines, soit de nonnains, où l'on n'en monstre, les uns plus, les autres moins. Non pas qu'ils ayent esté honteux de se vanter d'en avoir pleines potées, mais pour ce qu'il leur sembloit advis que leur mensonge seroit plus couvert, s'ils n'en avoient que ce qui se pourroit tenir dedans quelque monstre de verre ou de crystallin, afin qu'on n'en fît pas d'examen plus près. Tant y a que si la sainte Vierge eût esté une vache et qu'elle eust esté une nourrice toute sa vie, à grand'peine en eust-elle pu rendre telle quantité ! »

Et pourtant, encore une fois, pour combattre ce que pouvait avoir d'indiscret et d'exagéré ce culte des catholiques pour les images, il n'était nul besoin de descendre à ces infâmes et insultantes expressions. Calvin n'avait pas le mérite de l'initiative dans la voie de l'incrédulité, en ce qui concernait les reliques apocryphes. Cinq cents ans auparavant, c'est-à-dire fort peu de temps après la première exhibition du saint lait, un autre moine non moins savant, non moins philosophe, mais en qui, du moins, la philosophie et la science n'avaient point éteint la foi, Guibert de Nogent, que nous avons déjà cité, avait composé, comme fit depuis Calvin, un traité *De pignoribus sanctorum*. Dans cet ouvrage, usant de cette liberté de pensée et d'expression qui était alors le droit de tous, et dont notre époque toutefois se croit l'exclusif privilége, l'auteur examine tour à tour les reliques réelles ou prétendues qui de son temps étaient exposées dans les différentes églises de la chrétienté. Il arrive à parler d'une certaine dent de Jésus-Christ, que montraient comme authentique les moines de Saint-Médard de Soissons, et n'hésite pas à considérer cette prétention comme absurde, indiscrète et téméraire; puis, ayant à s'expliquer sur le supposé lait que déjà à cette époque plusieurs églises exposaient, il déclare n'y pouvoir donner sa confiance, non plus qu'à celui qu'on disait conservé à Laon (Reims n'avait pas encore le sien) : « *Quod si objicitur beatam Virginem matrem id potuisse servare et quasi superstitiosa ipsius posterorum cultui voluisse traducere, ità suspicietur, sicut Laudini apud nos lac ipsius benedictæ, in columbâ cristallinâ huc usque retineri dicitur. Quandò quantùm à vero et etiam à verisimili exorbitet, facili argumento liquet : quia neque ipsa asservavit; præsertìm cui nunquàm in Jesu infantiâ tantùm otii, tantùmque securitatis exstitit, ut sui memoriam tanti penderet, quatinùs de sui in futura secula lactis productione curaret, cui vix intra natale latere solum, vix vivere tunc liceret.* »

Voilà sur la relique du saint lait l'opinion d'un écrivain fort orthodoxe, mort en 1124. On voit que le doute en pareille matière n'était point réputé crime, même aux yeux de l'Église, et que, quant à ce qui nous regarde, et pour étayer notre scepticisme personnel, nous pouvions passer sous silence les diatribes des protestants du XVIe siècle et les sarcasmes philosophiques du XVIIIe.

III.

De la première Chapelle du Saint-Laict et des Dons de la reine Blanche.

Bien qu'il y eût pleine liberté d'examen au moyen-âge, il y avait avant tout foi naïve et piété sincère, et malgré les efforts de quelques esprits supérieurs à leur siècle pour épurer les croyances populaires, le merveilleux restait en crédit, et les grands du siècle donnaient l'exemple de la confiance et de l'entraînement.

La précieuse amphore que venait d'acquérir l'église de Notre-Dame de Reims lui valut promptement un grand concours de pèlerins. La foi des bonnes âmes au saint lait fut vive, principalement en la province de Champagne, et les scrupules de Guibert de Nogent, eussent-ils même été connus, n'étaient point de nature à faire la moindre impression sur l'esprit d'une population naturellement crédule, enthousiaste et jalouse des priviléges dont son église était l'objet. Les anciens cartulaires témoignent en plus d'un endroit du pieux hommage que les pèlerins firent à l'autel favorisé. Ce qui est hors de doute, c'est que le culte du saint lait était établi dans l'église de Reims avant la réédification par Albéric de Humbert, en 1212, et qu'il entra dans le plan de l'architecte de lui affecter la première chapelle de la croisée septentrionale. D'après ces données, il est bien à présumer que cette chapelle, exécutée sur les plans mêmes de Hues Libergiers, que nous considérons comme le véritable auteur de Notre-Dame de Reims (et non point Robert de Coucy, nous le démontrerons ailleurs), ou des ouvriers qui travaillaient sous sa direction, ne le cédait en rien en élégance et en ornementation aux autres chapelles du pourtour. Il y a même lieu de penser que le pieux et fervent artiste déploya toutes les ressources de son génie pour rendre cette chapelle tout-à-fait digne de celle à qui le temple lui-même était dédié.

Blanche, comtesse de Champagne, fille de Robert, comte d'Artois, nièce de saint Louis et veuve de Henri, roi de Navarre, magnanime princesse dont il est resté dans nos campagnes un renom si populaire, signala sa pieuse croyance au lait miraculeux par le don qu'elle fit à notre chapelle de cinq marcs d'or qui, suivant son vœu, furent employés à l'exécution d'un reliquaire à l'image de la Vierge, qui reçut en dépôt l'ampoule sacrée. « *Blancha bone mem. comitissa Trecen. dedit ecclesiæ nre. quinq. marchas auri, de quibus fabricata est ymago, in quâ repostum est sm. lac b. Virg.* (*Martyrolog. remens.*, III. *id. Martii.*)

Le chanoine Cocquault mentionne ce fait en ces termes : « Durant le pontificat de nostre archevesque Pierre Barbet, je ne sçay l'année, Blanche, comtesse de Troyes, donna cinq marcs d'or dont est faite l'image de Nostre Dame, où l'on a mis le saint laict donné par Ottoboni, qui avoit été archidiacre de Reims, avant que d'être pape sous le nom d'Adrien IV. » — Et nous trouvons dans un manuscrit quelque peu plus ancien que les mémoires de Cocquault cette autre indication : « Cette image étoit une statue de la Vierge, dans laquelle fut enchâssée la précieuse relique ; elle était d'or, et sa couronne enrichie de plusieurs perles et petits diamants. Le pied étoit d'argent doré, et dans ladite image il y avait aussi de la robe de la sainte Vierge, du suaire, et une sandale de Nostre Seigneur. »

C'était, en effet, un usage assez généralement reçu au moyen-âge de resserrer les reliquaires dans l'intérieur des grandes statues qui figuraient sur l'autel. Une ouverture plus ou moins profonde, suivant la dimension de la figure, était pratiquée par derrière; un panneau fermant à clef en défendait l'entrée. Quel tabernacle pouvait offrir plus de chance d'inviolabilité que le giron même de l'image, objet de la vénération publique! L'église de Saint-Maurice de Reims expose encore à la piété des fidèles une statue de la Vierge tenant l'enfant Jésus, qui servit autrefois de pareil ciborium (1).

L'autel du Saint-Laict fut donc, dès l'origine de l'église actuelle, l'objet des hommages des grands; nous en verrons quelques autres témoignages. Mais ce n'est pas là seulement ce qui le rendit populaire. Le chapitre mettait un soin particulier à relever l'éclat de sa chapelle. Il affectait de répéter que l'église de Reims était exclusivement sous l'invocation de Marie, et que, entre tous les autels, celui de la Vierge-Nourrice avait la prééminence. Des priviléges particuliers étaient, en effet, attachés à la fréquentation de la chapelle. Dès le XIIIe siècle, nous avons des bulles de papes accordant indulgences plénières aux pèlerins du Saint-Laict, et nous voyons, vers cette époque, l'autel surchargé de tant de fondations, que force est au chapelain de céder à d'autres les messes et les offices qu'il n'a plus ni le loisir ni le moyen de célébrer. Un Herbert de Bussy, professeur en droit aux écoles de Reims, avait, par son testament de juillet 1321, fondé une chapellenie à l'autel du Saint-Laict, au service de laquelle il avait affecté sa maison, sise au vieux marché (2). Quelque temps après, cette fondation était refusée, non

(1) Cette Vierge, dont la forme quelque peu matérielle accuse à nos yeux une époque de décadence dans l'art catholique, et qui portait sur ses vêtements des traces de peinture et de dorure, vient, sous les yeux et la direction de M. le curé de Saint-Maurice, d'être soumise à une restauration splendide.

(2) *Cùm vir venerabilis et discretus dns. Herbertus, dictus de Bussiaco, legum professor, quondàm cameracen. canonicus, nup. defunctus, in suo testamento, seu in suâ ultimâ voluntate, ordinaverit et voluerit unam capellaniam fundari in nostrâ remen. ecclesiâ, ob remedium animæ ipsius, ad altare Sancti-Lactis super domo suâ, quam inhabitabat tempore quo decessit, sita Remis, in veteri foro, à parte anteriori....*

comme onéreuse au chapitre, mais attendu les trop nombreux services de ce genre dont se trouvait déjà surchargé l'autel, et, du consentement du titulaire, la fondation d'Herbert fut, avec ses charges et dotations, reportée à l'autel de saint Pierre et saint Paul, contigu à l'autel du Saint-Laict, où elle se put plus commodément observer.

IV.

De la prédilection du roi Charles V pour l'église de Reims et des dons qu'il fit à l'autel du Saint-Laict.

Nous voulons épargner au lecteur le texte et même la nomenclature d'une infinité de pièces qui se rattachent à l'histoire qui nous occupe. Cependant il nous serait difficile de passer sous silence les témoignages que nous fournissent nos archives de l'intérêt que portèrent à notre chapelle, durant plusieurs siècles, quelques-uns de nos rois, des prélats illustres et certains personnages de haute distinction. Parmi les premiers, il nous faut dire quelque chose du roi populaire Charles V.

Ce prince était parvenu à la couronne en avril 1364. L'histoire a signalé ses efforts généreux pour réparer les désastres du règne précédent, pour effacer la honte, sinon le souvenir des affaires de Crécy et de Poitiers. On sait comment il délivra le pays des hordes de brigands, restes de la Jacquerie, qui, sous le nom de routiers et de malandrins, traînaient après eux le pillage, le meurtre et l'incendie; comment il mit fin aux exactions des grands, diminua les impôts, réhabilita la magistrature, et parvint à réintégrer le respect du trône et l'amour du prince dans le cœur des peuples si légitimement désaffectionnés. L'un des plus efficaces moyens dont Charles se servit pour opérer tant de merveilles fut de réveiller parmi ses sujets l'amour des arts et des lettres, et de ranimer les croyances religieuses altérées par les excès d'une soldatesque effrenée et d'une aristocratie sans vertu. Ce prince, auquel l'histoire a si justement donné le surnom de Sage, ne supposait pas qu'il y eût pour une nation de prospérité réelle, de véritable grandeur, sans littérature, sans monuments, sans institutions religieuses.

Charles avait été sacré et couronné le 19 mai 1364 par l'archevêque Jean de Craon, en la grande église de Notre-Dame de Reims, en même temps que Jeanne de Bourbon, sa femme. C'est à cette aurore d'un règne glorieux, pendant le séjour qu'il fit en notre ville, et en présence de toutes les illustrations du siècle, que Charles V reçut la nouvelle de la brillante victoire de Cocherel, remportée par son armée contre celle d'Edouard III, cet irréconciliable ennemi de notre France. C'étaient, comme on l'a dit, les étrennes d'une noble royauté que le preux Duguesclin donnait à la ville du sacre et au pays.

Charles fut toute sa vie reconnaissant de la double consécration que la victoire et la religion lui avaient simultanément donnée sous les arceaux de Notre-Dame de Reims ; et à l'exemple des rois ses prédécesseurs, il ne voulut point quitter notre ville sans laisser à son église de riches témoignages de sa royale gratitude. On a longtemps conservé dans le trésor du chapitre les riches tentures, les ornements et les précieux joyaux dus à la munificence de ce prince.

La bibliothèque de la ville conserve un curieux document de l'affection que Charles VI gardait à l'église de Reims. Cette pièce n'est pas seulement une preuve de la piété de ce prince, mais encore un témoignage de la sagesse de ses vues politiques. Il faut en dire quelques mots.

Les marches de Champagne, qui, du côté des Ardennes, sont aussi les marches de France, avaient été plusieurs fois inquiétées par des excursions de reitres et de soudards allemands. Charles voulut assurer ces contrées, et principalement le pays de Mouzon, qui, peu défendu, offrait une entrée facile à l'ennemi. Mais, de temps immémorial, ou plutôt en vertu de la donation du premier roi chrétien, la ville de Mouzon dépendait du domaine de l'église de Reims, qui la possédait en franc-alleu, avec le château de Beaumont-en-Argonne. Charles demanda ces deux places et leurs attenances à Richard Pique, alors archevêque de Reims, auquel il offrit en échange la seigneurie de Vailly, avec quelques dépendances. Mais les villes de Mouzon et de Beaumont étaient par leurs dépendances d'un bien autre intérêt que les terres offertes en dédommagement. Plusieurs importants châteaux, ceux de Bouillon et de Sedan, faisaient partie du domaine de Mouzon, et l'archevêché en tirait alors plus de quarante mille livres, sans le produit des mouvances; tandis que Vailly, maigre villette des environs de Soissons, sans souveraineté aucune, dépourvue de château, de citadelle et de fortifications, n'offrait guère qu'un revenu net de mille livres... Il est vrai que le roi promettait d'y construire à ses frais bonne et suffisante maison pour l'archevêque, d'y établir des foires et marchés, et d'en relever les fortifications, en un mot, de lui donner l'éclat qui lui manquait. Toutefois l'échange paraissait disproportionné, et bien que la seigneurie de Mouzon fût du domaine de l'archevêché, le chapitre, qui croyait voir dans ce contrat une aliénation préjudiciable à l'église de Reims, en fit l'objet de plaintes et de remontrances. Charles ne voulut point laisser sans satisfaction les chanoines de Notre-Dame, il leur écrivit d'abord cette lettre, qui allait au-devant des susceptibilités du chapitre :

« Chiers et bien aymez, nous sommes en accord avec nostre amé et féal conseiller l'archevesque de Reims d'avoir ses villes de Mouzon et de Beaumont, avec toutes leurs appartenances, et luy debvons baillier en eschange nostre ville de Vailly, laquelle nous debvons faire fermer et y faire bonne et suffisante maison pour luy et à nos dépens, avec mil livres de rentes à toujours perpétuellement, assises en ladite ville de Vailly et en autres, sur ycelles apprendre, sans ce que nous y ayons aucune régalle au temps advenir. Et pour ce que ceste chose nous semble profit pour tout le royaume et grande utilité pour toute l'église de Reims, et de vous, nous vous prions et requérons, bien acertez que en ceste eschange vous vouliez en tant qu'il vous pleust toucher , mettre vostre consentement, en rescrire au cardinal de Limoges, légat de nostre Saint-Père de par-deçà, qui a puissance de ce *passer* et confirmer. Donné au boys de Vincennes, le dernier may. — *Signé* CHARLES. »

Le chapitre, sensible à cette marque de condescendance royale, envoya son adhésion à l'échange, écrivit à ce propos au légat du pape; et Charles V ne fut point oublieux de ce procédé. L'année suivante, il fit de riches présents à l'église de Reims. Ecoutons le chanoine Cocquault mentionner les libéralités de ce prince : « Le roy Charles, qui aymoit l'église de Reims, en laquelle il avoit esté sacré (ses principaux patrons estoient la Vierge et saint Remy), voulut laisser de ses biens propres, non de ceux de la couronne, à l'église de céans, pour prier Dieu pour luy; et pour cecy fit une très-magnifique fondation, ainsi que voirez par les traicts que j'en rapporte, tirés du chartier de l'église de Reims, qui est même enregistré en la chambre des comptes : est à remarquer au commencement de ceste fondation la croyance qui estoit en ce temps que l'église de Reims avoit esté consacrée et dédiée par Dieu seul, et non d'aucuns évesques et autres choses qui sont dignes d'estre remarquées. »

Puis suit dans notre auteur le texte même de cette charte; comme il est également cité dans Marlot, t. II, p. 660, nous n'en reproduirons que l'intitulé, la partie que, comme chef-d'œuvre de calligraphie, notre ami, M. le chevalier Sylvestre, a insérée dans sa magnifique *Paléographie*. (Voir le *fac-simile et les pièces justificatives.*)

Dans cette pièce, Charles rappelle expressément que Clovis fut baptisé par le glorieux saint Remi dans l'église de Reims, et que, pendant cette auguste cérémonie, le Saint-Esprit, sous la forme d'une colombe, apporta du ciel l'ampoule renfermant le saint chrême. Puis il ajoute que lui-même Charles V fut pareillement sacré et oint du saint chrême en Notre-Dame de Reims, et que c'est en souvenir de ces faits qu'il entend gratifier la sainte église. — Le texte de ce préambule est doublement curieux par ce qu'il dit et par ce qu'il représente. L'artiste chargé de son exécution y a reproduit en manière d'ornement calligraphique le

Milieu du XIVe SIÈCLE français.

Ornement d'une Charte de Charles V, Roi de France.

Archives de Reims (Vaucler) Liasse 1. N° 4

Karolus dei gracia Francorum Rex. Ad perpetuam rei memoriam. Cum ventus oriens inter se populorum furore collisus indiscissam domini tunicam et
desuper textam inconsutilem per fracturam decerpsisset et ibidem Lucifer ille qui ceciderat thronum suum super sidera posuisset tunc in
occidente sol justicie ipse scilicet Lucifer qui nescit occasum in cordibus hominum regnum nostrum cepit oriri, etiam et orbis conditor celos for-
mans in quibus preeminet sol diurnus in quo ipse altissimus tabernaculum suum constituit eterna sapiencia cuncta disponens
has regiones occidentales quasi cum ad hoc in superiori ac dextra et simpliciter in nobiliori parte mundi magnifice collocavit
predestinacione sempiterna populos tunc hic futuros eligens sibi fore acceptabiles et bonorum operum sectatores.

sacre du roi bienfaiteur et le baptême du premier roi chrétien.

La première et la portion de la seconde ligne de cette charte, qui sont tracées en écriture minuscule gothique, haute, serrée, anguleuse, conjointe, les montants prolongés irrégulièrement, et quelques-uns ornés de figures ou de traits superflus, contiennent la partie essentielle du protocole, le nom et les qualités du prince qui donne la charte. On y lit : *Karolus, Dei Francorum rex, ad perpetuam rei memoriam*, et la date exprimée en ces termes à la fin de la charte, *Datum Parisiis, mense maio, anno Dom. millesimò trecentesimo octuagesimo, regni verò nostri septimo decimo*, indique que cette charte fut promulguée quatre mois seulement avant la mort du prince, dont elle rappelle la piété éminente et la prédilection marquée pour la ville de Reims. La première lettre, un K gothique gigantesque, est à la fois anthropomorphique, historiée dans ses pleins et dans ses vides, et ornée d'arabesques fleuronnées. Le montant de la tête est formé d'une figure royale en pied. C'est celle de Charles V : sur sa tête deux anges posent la couronne : c'est l'invocation du droit divin en vertu duquel nos rois prétendaient régner. En face de cette figure du roi, dans le plein du premier contour de la lettre K, est représentée assise et allaitant l'enfant divin, la Vierge, objet spécial du culte du prince. Charles, de la main gauche, qu'il étend, dépose aux pieds de cette figure de la Vierge la charte de la donation de Vaucler et de Fleury-la-Montagne, tandis que plusieurs chanoines avides, figurés dans le plein du deuxième contour du K gigantesque, s'empressent de saisir ce bienheureux titre, destiné à l'enrichissement de l'autel sacré. Je ne sais si, dans cette jolie vignette, l'artiste n'aura point eu quelque malicieuse et satirique pensée; j'en laisse l'interprétation libre à Messieurs les gens d'église. Vers les pieds de la figure royale, dans le vide de la lettre, l'archevêque, assis sur son siége pastoral, au moment de sacrer le jeune prince agenouillé devant lui, va lui retirer la couronne, dont, en vertu du droit invoqué plus haut, il est déjà saisi, pour le oindre du saint chrême que la miraculeuse colombe apporte des cieux. Le Père-Éternel, figuré dans le vide supérieur, entouré de sa cour céleste, répand ses bénédictions sur le prince nouvellement élu... Comme on le voit, cette scène présente un résumé complet des traditions de l'église de Reims en ce qui concerne le droit de sacrer les rois. En première ligne, l'ampoule céleste, le sacre, puis ce qui en était comme la conséquence forcée, les libéralités royales. — On nous permettra de faire remarquer en passant que cette grande figure du roi Charles V, qui forme le principal jambage de notre K, et qui tient un gant de la main droite, se trouve reproduite absolument sous la même forme dans la décoration extérieure de la cathédrale; c'est une de ces statues gigantesques qui se voient au latéral extérieur; elle est adossée à la tour méridionale, ce qui tendrait à prouver que cette partie de l'édifice fut réédifiée sous ce prince et avec le secours de ses deniers royaux.

La seconde scène, figurée dans l'A gigantesque de la première ligne de notre charte, est la représentation du baptême de Clovis. L'A, également anthropomorphique, marqueté et brodé, offre dans son vide l'archevêque, debout, versant l'eau baptismale sur la tête du roi, qui, agenouillé, vêtu d'un long manteau, a les mains jointes, tout en tenant passée autour de son bras la couronne dont il ne s'est pas dessaisi. Des officiers de la suite du prince sont derrière lui, agenouillés, et les mains suppliantes ils semblent également requérir le baptême. Un héraut d'armes est figuré dans le plein du premier jambage, tandis que dans l'autre, deux figures, dont l'une semble tenir à la terre, et l'autre au ciel, se joignent et s'accolent.

Cette pièce, dont il existe peu d'analogues dans les dépôts publics, nous a paru digne d'être reproduite et de passer sous les yeux de nos lecteurs. Charles V y déclare qu'en reconnaissance de son sacre et des bienfaits dont il attribue le mérite à la Vierge, mère de Dieu; puis il donne à l'église de Reims la châtellenie de Vaucler, près de Vitry-en-Perthois ; la seigneurie de Fleury-en-la-Montagne, et les buissons Lecomte; ensuite il fonde à l'autel de la Vierge deux messes à perpétuité, l'une du Saint-Esprit et l'autre de la Vierge, pour le repos de l'âme de son père, de sa mère, de la reine son épouse, et pour la prospérité de son royaume. Ce prince, suivant la remarque d'un de ses historiens, avait pris saint Louis pour modèle, tant pour le gouvernement de son état que pour sa piété et son amour pour les pauvres ; on le voyait souvent visiter les précieuses reliques que le saint roi avait placées dans la Sainte-Chapelle du palais, et le vendredi-saint, il montrait lui-même la vraie croix au peuple. Avec de tels sentiments, Charles se devait toujours regarder comme le débiteur de l'église de Reims : aussi, non content des libéralités productives contenues en la charte de 1380, fit-il un hommage tout-à-fait royal à l'autel de la Vierge.

Entre autres objets, les anciens inventaires citent : une image de Notre Dame en or; elle portait sur la tête une couronne; à sa droite était un lys de perles et de pierres précieuses dans un vase d'or. Cette image pesait onze marcs et demi d'or. Elle posait sur un pied d'argent doré, orné de figurines représentant les prophètes, et pesant quarante marcs d'argent. Avec cette riche image de Marie, un calice d'or et sa patène, aux armes royales; un encensoir avec ses chaînes et son couvercle en or; deux buirettes en or; un bénitier avec l'aspersoir d'argent doré; deux plats d'argent doré, aux armes, le tout émaillé, ciselé, d'un travail exquis. Ces précieuses pièces d'orfèvrerie enrichirent le trésor de Notre-Dame et se conservèrent en l'autel du Saint-Laict jusqu'au règne de François Ier, où, comme nous le dirons ailleurs, elles furent vendues pour le rachat des enfants de France, prisonniers de l'empereur à Madrid.

V.

Coup d'œil sur l'histoire de Reims au XVme siècle, et récit de l'horrible incendie de 1481.

Si le long règne de Charles VI fut désastreux pour la France, celui de Charles VII ne lui fut guère moins fatal : tous deux forment une époque on ne peut plus intéressante dans l'histoire de Reims. La vie publique y est enchevêtrée d'incidents qui donnent à la cité une physionomie tout-à-fait étrange. Les guerres civiles y divisent la famille, les désastres publics y atteignent la fortune et la vie des citoyens, et les haines politiques allument leurs brandons au sein d'une populace irritable et toujours prompte à mettre ses brutales colères au service de l'intrigue et des factions. C'est aussi pour Reims l'époque d'hommes que de hautes vertus ou des vices odieux signalent à l'attention. Nous avons déjà cité Richard de Besançon, prélat magnifique et fastueux, ami des arts, des lettres, et surtout de la représentation. De son temps un schisme plein de scandale afflige et déchire le monde chrétien : Urbain VI et Clément VII se disputent la tiare, et

Reims, malgré les incertitudes et les tergiversations royales, prend parti pour Avignon. Paraît alors Jean de Varennes, *ce grand clerc de science et de prudence*, comme dit Froissart, appelé chez nous l'ermite de Saint-Lié. Ses prédications véhémentes en faveur de Clément VII, les persécutions qu'il endure à cette occasion le rendent dans nos campagnes l'objet d'un culte fanatique. Ermine l'illuminée, citoyenne de Reims, remplit le pays du bruit de ses visions et de ses prophéties schismatiques (1). Cependant, au milieu de tempêtes publiques, de luttes particulières avec son chapitre, avec l'échevinage, avec la couronne, avec la papauté, s'écoule le pontificat de Guy de Roye, prélat simoniaque, génie inquiet et remuant, qu'une mort violente arrête dans sa carrière aventureuse. Et toutefois, la protection qu'il donne aux arts, aux lettres, jette un honorable reflet sur sa mémoire. Sous lui, et investis longtemps de sa confiance, ce qui n'est pas un mince éloge de son jugement, se révèlent au monde deux des plus beaux génies du temps : Jean Gerson, l'immortel honneur de l'église de Reims, et Guillaume Filliastre, doyen de Saint-Symphorien, cardinal de Saint-Marc, diplomate habile et savant théologien, qui sait mêler les études littéraires, le goût des belles choses aux querelles ardues dont se préoccupe la chrétienté. Député au célèbre concile de Constance, il y trouve le temps d'acquérir de précieux manuscrits; il y traduit Platon, Aristote, Ptolomée ; commente Virgile, Lucain, Pomponius Mela; puis gratifie son église de tous ces précieux classiques de la docte antiquité.

Après Guy de Roye, l'illustre batailleur, Simon de Cramaud et Pierre Trousse], qui ne font que paraître sur le siége de Reims, se montre la grande figure de Regnault de Chartres. C'est sous lui qu'achève de se jouer ce grand drame de la nationalité française aux prises avec l'Angleterre, sa mortelle ennemie.

(1) On voyait sa pierre tumulaire en l'église de Saint-Étienne-les-Dames, avec cette épitaphe :

> L'an mil trois cens quatre-vingt-treize,
> Jour Saint-Louis, mourut Ermine,
> Merveilles vit et fu cy mise.

Longtemps comprimée dans les étreintes du léopard, on la voit à la longue se retremper victorieuse sous les arceaux poétiques de Notre-Dame de Reims. Mais avant ce jour réparateur, la ville est en butte aux discordes publiques et privées. La mésintelligence est dans ses murs, le désordre dans ses finances, le pillage et l'incendie sont à ses portes. Des troupes de corps-francs, de brigands soldés font le dégât dans ses campagnes, inquiètent ses faubourgs et rançonnent ses habitants, tandis que Henri Plantagenet, déjà maître de la plus grande partie du sol français, appuyé de l'implacable Isabeau, se fait proclamer dans la ville naguère si loyale. Jouet et proie de l'étranger, Reims subit les conséquences de sa trahison. Elle expulse Regnault de Chartres, en haine d'une fidélité qui la déshonore, et se met à la remorque d'un prêtre fanatique sorti des derniers rangs de la société, que l'on verra bientôt déshonorer la mitre épiscopale et devenir le bourreau de la noble fille de Vaucouleurs. Parmi les traîtres à leur patrie qui font de Reims une ville anglaise, figure un Chastillon, valeureux rejeton d'une illustre race, que l'histoire trouve à regret sous ce criminel étendard.

Au milieu de ces tourmentes, qui semblent annoncer la fin prochaine de l'empire des lys et de la nationalité, l'église de Reims conserve sa splendeur et son unité. Richard de Besançon, possesseur d'une immense fortune, la décore et l'enrichit; il pourvoit à la dignité de son culte, augmente le nombre des enfants de chœur, fonde un office en faveur des pèlerins, et contribue à l'éclat de la chapelle du Saint-Laict en affectant à son entretien le revenu d'un de ses domaines. Guy de Roye tient ses conciles provinciaux, au sein desquels retentit la voix puissante du chancelier Gerson. Guillaume Filliastre fait, en faveur du chapitre, l'établissement d'une bibliothèque où se conserveront désormais, avec les précieux volumes qu'il a donnés, les textes inestimables que l'église tient des archevêques Tilpin, Adalbéron, Hincmar, Odalric et autres. C'est à cette époque que, dans son inépuisable sollicitude, le cardinal Filliastre rétablit les écoles de Reims, naguère si célèbres, mais tombées dans le mépris par suite du malheur des temps, et que, suivant l'expression d'un annaliste, « il donne l'argent nécessaire pour travailler à l'une des tours de Notre-Dame restée imparfaite. » Puis Colard de Givry, l'habile héritier des Libergiers, des Robert de Coucy, et leur légitime continuateur, entreprend l'exécution de ce magnifique jubé dont nous aurons à parler plus loin, et que nous reproduisons avec ce présent volume.

Sous les deux frères Jacques et Jean Juvénal des Ursins, successeurs de Regnault de Chartres, l'aspect politique de la cité n'a plus rien qui contriste l'âme, et durant les troubles de la Praguerie, suscités par le génie inquiet du jeune prince qui s'appellera bientôt Louis XI, Reims ne se fait remarquer que par la sagesse de son gouvernement et son inébranlable fidélité au roi Charles VII. Si la ville du sacre produit, dans la personne de Pierre Cauchon, l'un des plus ardents persécuteurs de la Pucelle, elle a la consolation d'offrir à l'histoire son archevêque Jean des Ursins, le réparateur d'un attentat politique. L'équité, la science profonde de Juvénal le font choisir par Calixte III et Charles VII pour revoir cet infâme procès, et bientôt, aux applaudissements de toute la France, il déclare monstrueuse, inique, impie la procédure, et réhabilite la mémoire de l'illustre victime, qui, pour être éternellement chère et précieuse au pays, n'avait pas besoin de cette tardive réparation. Cependant Des Ursins, qui lui-même cultive les lettres, pourvoit à l'instruction du peuple, et ranime dans les cœurs l'amour de la justice et de la religion. Il s'applique à donner un nouvel éclat aux cérémonies de l'église, altérées par des abus, des coutumes tout-à-fait ridicules. C'est alors que disparaissent les cérémonies grotesques de la procession dite des harengs, l'irréligieuse fête des fous, l'usage de chanter d'une façon grotesque le mot *Gomore*, qui se trouve dans quelques hymnes... Puis, suivant le dire du chanoine Cocquault, se fait dans l'église de Reims l'innovation de la musique. « En ce temps (1465), on ne chantoit musique à l'église de Reims, et fut envoyé un nommé Petitjean à Cambray pour l'apprendre, afin de l'introduire en l'église de Reims. »

Les annalistes ont consigné dans leurs récits les commencements du règne de Louis XI, les faits relatifs à son sacre, et les graves évènements qui suivirent à Reims l'inexécution de la promesse royale d'une diminution d'impôts. — L'émeute du Mique-Maque et sa répression sont dans tous les souvenirs. Si nous les mentionnons ici, c'est que plus loin nous aurons à combattre l'opinion de quelques graves historiens sur l'appréciation d'un monument célèbre de ces temps, que l'on dit se rattacher à ce tragique épisode. — Nous passerons rapidement sur l'histoire du pontificat de Pierre de Laval, prélat altier, ombrageux, célèbre surtout par ses démêlés avec Raoul Cochinart, l'un de ces hommes forts et d'exécution qu'il fallait au roi Louis XI, *le dompteur de superbes*, et nous arriverons au récit de la catastrophe de 1481.

On a peu de détails dans les histoires imprimées sur le sinistre qui signala cette année. Nous voyons bien comment, par la faute de quelques ouvriers plombiers, un incendie éclata qui détruisit toute la charpente des combles, fondit les plombs dont la toiture était couverte, ainsi que les cloches, et endommagea une partie notable de l'édifice : mais voilà à peu près tout. M. Prosper Tarbé, auquel si peu de particularités intéressantes ont échappé, a su, dans sa *Description de Notre-Dame de Reims*, embellir de son style fleuri ces notions écourtées, mais il n'a pu ajouter beaucoup à ce qui était déjà connu. Nous avons mis la main sur quelques documents qui se rattachent à l'histoire de cet incendie; nous les produirons en leur lieu. Voici, quant à présent, le récit du chanoine Cocquault, dont on a négligé le manuscrit, en raison sans doute de son écriture presque indéchiffrable. Nous eussions préféré peut-être la version de Foulquart, syndic des habitants et témoin oculaire; mais, outre sa partialité contre les chanoines, il n'existe plus de son récit que des extraits tout-à-fait incomplets, le manuscrit principal étant perdu depuis longtemps. Cocquault, d'ailleurs, le suit en quelque sorte pas à pas et le réfute en plusieurs points importants. Laissons donc parler l'honnête chanoine :

« Le 21 juillet, en l'église de Reims (qui est l'œuvre emerveillable, le chef-d'œuvre et l'estonnement de toute la chrestienté, pour la structure et cimelterie des bastiments ; les regardants, en l'admirant, se taisent plus tost que d'en parler), sur les XI à XII heures du jour, le feu prit à la toiture et au clocher qui estoit sur le chœur de l'église, par l'accident d'un fourneau à fondre plomb, les ouvriers y travaillant, le 23 juillet, n'ayant par leur négligence éteint le feu dudit fourneau, laissé sans garde. — Le lendemain 24, en l'absence des ouvriers, qui travailloient en ville, chez un nommé Jehan Bourguet, fut le feu apperçu audit clocher, qui estoit sur le chœur de l'église, et fut secouru, encore que le plomb de la couverture de l'église dont elle estoit couverte, fondoit sur ceulx qui se présentoient pour éteindre le feu. Ainsi fut l'ornement de la France, non pas jusques au fondement bruslé, mais seulement la toiture, qui, couverte de plomb, couloit par les rues de la ville comme de l'eau, et sur les voûtes de l'église estoit comme une mer d'eau ondoyante. Afin d'expédier le tout, fut agi contre Jehan et Remy Legoys, plombiers, en raison de cette négligence, et furent pris prisonniers et menez à Laon; mais obtinrent lettres de pardon du roy, l'enterrinement desquelles le chapitre empescha. Cela se voit le 26 décembre, aux registres capitulaires.

» Les reliques de l'église furent transportées par gens de bien pour estre en asseurance, mais il y eut XI cloches fondues dudit clocher; fut la table du grand-autel, qui est d'or, en grand péril pour la crainte des voleurs. — Cela ainsi arrivé, les chanoines tout esplorés se trouvèrent au chapitre, où, la douleur estant meslée avec la raison, advisèrent à ce qui estoit à faire, ainsi que suit, et commencèrent par la *troublesse*, et finirent par la raison, le courage leur donnant l'affection de remectre et rebastir leur église avec un plus grand embellissement qu'auparavant. Leur conclusion commence ainsi :

« *O quàm plorabilem et lamentabilem casum quod dolenter reci-*
» *tantum est, proh dolor! quòd anno Domini quadragintesimo octa-*
» *gesimo primo, die martis vigesimâ quartâ mensis julii, circa horam*
» *meridiam, tota insignis et metropolis ecclesia remensis, quâ totius*
» *remensis ecclesiæ provincia notabiliter refloruit in spiritualibus et*
» *temporalibus honestate, bonis moribus et exemplis, causâ cujusdem*
» *coopertoris et negligentiâ operantis in campanulo majori, suo*
» *mynisterio dicta ecclesia fuit igne succensa et combusta...* »

» Le mesme jour, sur les six heures du soir, fut tenue assemblée des habitants de Reims, à l'échevinage, où fut conclu d'envoyer hommes en diligence vers le roy, pour signaler le cas fortuit et en excuser la ville. Furent nommés Nicolas Le Membru et Pierre Doublet, pour remonstrer qu'au cas que l'on voulût charger les habitants de ce cas, de dire qu'ils n'avoient la garde de l'église, ni aucune authorité, mais les chanoines seuls et non aultres. (Vid. *Fouquart, procureur syndic, en ses Mémoires.*) Cela pouvoit estre un petit coup pour tirer contre les chanoines et pour se faire donner de l'authorité sur l'église de Reims; ce qui ne fut. — Et fut mis gens à la garde de l'église la nuict, afin de conserver les matériaux.

» Sur les neuf heures du soir, le feu, qui sembloit estre esteint, parut de rechef, et fut-on contraint de monter sur les voûtes avec forces pour l'esteindre à ceste mesme heure. Comme le feu recommençoit, firent les chanoines procession autour de l'église, que l'on appelle le tour de l'ascension, en laquelle Me Guillaume Cauchon, chanoine de l'église, fort bon prestre, au jugement dudit Fouquart, porta la vraye croix; et y avoit du peuple en grande quantité et dévotion, portant torches, cierges et chandelles ardentes, — et y estoit en personne ledit Fouquart. — Et dit ces mesmes mots : *Que ce jour, les chanoines avoient fait sonner les cloches et fait feste d'un arrest qu'il avoit eu encontre l'eschevinage de Reims pour une pierre de la porte de leur cloistre, ainsi que Pierre Quatre-Sols luy dit.* Mais cette malveillance fut purgée par les commis du chapitre, ainsi que dirons plus bas.

» Le lendemain 25, le chapitre fut assemblé, et y fut arresté ce qui suit : *Die mercuri vigesimâ quintâ ejusdem mensis, domini de capitulo, in suo loco capitulari personaliter constituto, præmissa attendentes, volentes totis viribus relevationi et restaurationi dictæ ecclesiæ providere, domino decano in capitulo præsidente fuit ordinatum et conclusum ad advertendum regem christianissimum et sibi remonstrandum casum, quod velit et dignetur eidem ecclesiæ in quâ ipse et sui progenitores sacram receperunt unctionem, pietatis intuitu succurrere ; et ad faciendum* voagium *erga dictum dñum nrum regem deputati sunt et commissi dñi decanus Petrus Ladure, baillivus ecclesiæ magister Joannes de Remis, ad notificandum dictum casum dicto dño nro regi et aliis quibus intererit*... Et luy furent escriptes lettres contenantes l'accident.

» Cela arresté, furent nommés trois chanoines pour adviser aux ruines arrivées, sçavoir : Hugues Chobin, Jehan Leclerc et Jehan Nielle. — L'on fit une revue des joyaux de l'église pour voir s'il n'y en avoit point de perdus et furent mis en gaiges pour avoir argent en l'employ de la réfection de l'église.

» Les chappelains et vicaires de l'ancienne congrégation vinrent au chapitre de Reims, qui, *attendentes ruinam dictæ ecclesiæ se obtulerunt tàm particulariter quàm in generali sese et bona sua cappellaniæ ad placitum dominorum pro reparatione dictæ ecclesiæ.* Le chapitre loua leur bonne volonté, et furent députés deux d'entre eulx pour assister les chanoines députés pour la réparation de l'église et prendre garde aux ouvriers. Puis fut ordonné que le service de l'église de Reims se feroit à la chapelle de l'ancienne congrégation, ou bien à Saint-Michel; et fut fait à Saint-Michel. — Voylà ce que l'on trouve dans les registres du chapitre.

» Fouquart dit que ce mesme jour le chapitre envoya remercier les habitants estant en l'eschevinage du bon ayde qu'ils avoient apporté en l'église, les priant de vouloir leur donner gens cognoissant au faict des ouvraiges, pour, avec les leurs, conduire les ouvraiges et les consellier et ayder à recouvrer matières pour travailler. Ce qui fut faict, et furent nommés gens pour terminer les différends et procès qui estoient entre la ville et l'église, et dirent lesdits eschevins aux nommés du chapitre que le sonnaige des cloches qui avoit esté faict le jour du feu n'estoit pour l'arrest, mais pour un obiit qui se faisoit en l'église. — Voylà la purgation, par la confession mesme de celuy qui l'a rapportée ; et y a conclusion du chapitre pour le remerciement que dessus.

» Le dimanche, 29 du mesme mois, fut faicte une procession générale, et elle rentra par le petit portail à senestre, à cause du bois qui estoit devant le grand portail. Y furent portées les châsses de saint Nicaise, sainte Eutrope, saint Calixte, saint Rigobert, après celles de Nostre Dame, et derrière, la grande image du saint-laict et les deux anges. La prédication fut faite au palais par Monsieur l'évesque Dionyse, suffragant de Monsieur de Reims; mais il fut contraint de cesser à cause de la pluye. Et fut dicte la grande messe en la chapelle du Saint-Laict.

» Le lundy pénultième du mois, fut faicte assemblée pour donner ordre aux ouvraiges à faire et au payement des ouvriers, et fut arresté le marché des ouvriers le samedi suivant, et furent choisis plusieurs habitants des plus affectionnés à l'église pour avoir l'œil aux ouvraiges; convenu que les maistres charpentiers auroient sept blancs et leur despence tous les jours, et les serviteurs cinq blancs et leur despence.

» Le samedi, l'on rentra au chœur de l'église pour y continuer le service délaissé; y furent commencées les vespres. — A l'église de Reims se faisoient de grandes prières et dévotions, processions, et y portoit-on les reliques des saints à l'intention de ceulx qui aumosneroient quelque chose pour la réfection de l'église. — Le pénultième julliet, Jacques Joffin, abbé de Saint-Denys de Reims, vint au chapitre, fit offrir pour luy et pour son couvent sa personne et les biens de son couvent pour ayder au restablissement de l'église.

» Mais auparavant de passer oultre, fault entendre que plusieurs furent tués en ce feu, bruslés, et aultres blessés. L'église de Reims fit chanter pour les morts honorablement, et au regard des blessés, les fit panser et nourrir à ses despens, leur donna récompense, ainsi que se voit par le registre capitulaire, où tout ceci est rapporté.

» L'église de Reims, pour avoir paix et vivre en intelligence avec les habitants de Reims, soubz les espérances qu'ils feroient voir leur charité envers l'église de Reims, pour la réparation du feu advenu, accorda les différends et procès qu'elle avoit contre la ville et leur remit les despens adjugés, qui montoient à plus de deux cents livres; mais il ne se peut monstrer ce qu'ils ont donné pour leur grande libéralité et affection qu'ils ont eues au restablissement d'icelle!

» En la province de Reims fut faites questes pour avoir argent ou métail pour faire cloches, d'autant qu'elles estoient toutes fondues, hormis les deux grosses qui estoient aux tours de devant l'église; car les aultres cloches estant au clocher qui estoit sur le milieu du chœur *et aux quatre pavillons*, fut le métail fondu meslé avec le plomb, et furent chargés experts pour en faire la division et despart, et pour ravoir toute ceste fonte. — L'on fut contraint de faire du feu sur les voultes pour le faire fondre encore une fois.

» Les députés, tant du chapitre de Reims comme de la ville, estoient allés au roy pour l'advertir de l'accident. De prime abord ne fut dict au roy que l'église de Reims estoit bruslée, mais le fut dict premièrement à plusieurs seigneurs, qui en eurent grande compassion; et furent les lettres de l'église de Reims présentées au roy, seulement la veille de l'Assomption Nostre Dame. Les commis retournèrent à Reims le 23 aoust, firent leur rapport au chapitre : dirent le doyen et Jehan de Reims, chanoines, qui avoient esté envoyés, qu'ils avoient, la veille de l'Assomption, présenté les lettres du chapitre au roy, lequel fut de prime face troublé du feu de l'église de Reims, et *néantmoins dit qu'il y feroit du bien et qu'il la falloit refaire.* Et en ont eu grande compassion tous les seigneurs de la cour, qui estoient près du roy, spéciallement Madame de Beaujeu, sa fille, qui fort les avoit aydés ; et en passant par Amboyse, Monsieur le daulphin dict que s'il avoit de l'argent, il y en donneroit volontiers. — Voylà le rapport qui fut faict ; — cependant Fouquart dit qu'il a ouy dire à quelques-uns que le roy dit en sa colère que s'il faisoit son debvoir, il mettroit des bons moynes à Nostre-Dame, et en chasseroit les chanoines ! Mais c'est là un ouy-dire qui vient d'un habitant de ville, qui se ressentoit encore de l'arrest obtenu par le chapitre contre l'eschevinage, dont il estoit syndic.

» Un prieur de Saint-Remy de Reims, plus par envie que par charité, avoit dit que le chapitre avoit trouvé une tonne d'or dans l'église, et qu'il en avoit assez pour la réparation de ladite église; celuy-là fut mis en action. Mais c'est un moyne, partant sans affection aux chanoines. L'on envoya par la province, avec lettres de Monsieur de Reims adressantes aux évesques, lettres du chapitre auxdits évesques, afin de faire quester pour la réparation de l'église de Reims, les priant d'y exciter le peuple — le 19 octobre. Et furent envoyés de rechef chanoines vers le roy pour avoir octroy pour l'église, le 21 novembre; et furent achetées plusieurs toiles et serviettes pour en faire présents; comme aussi fut faite requeste à Monsieur d'Angoulesme pour avoir des bois pour la réfection, d'autant qu'à luy appartenoit le domaine d'Esparnay. — Puis furent coupés les bois de la fabrique de Reims. Furent faites cloches nouvelles, d'aultant que le métail fondu et meslé avec le plomb n'estoit bon, et furent mises aux tours de l'église, le 18 mars, où il n'y avoit auparavant que les grosses. »

L'incendie dont on vient de lire le récit donna lieu à bien des commentaires. Nous n'examinerons, quant à présent, qu'un seul point de la version de Foulquart. D'après lui, tous les historiens de la ville de Reims n'ont pas manqué de dire que Louis XI, en apprenant le sinistre, entra en grande colère contre le clergé de Notre-Dame, et que, dans son émotion, il s'écria « que s'il faisoit son devoir, il mettroit de bons moines à Nostre-Dame, et en chasseroit les chanoines. » En admettant ce mouvement d'humeur contre le chapitre, il est bon de voir ce qui a pu le motiver. — L'annaliste que nous venons de citer le fait assez pressentir. Cocquault nous apprend qu'au moment de l'incendie, l'hôtel-de-ville venait de perdre un procès contre le chapitre, au sujet de certaines barrières fermant l'entrée du cloître, que Messieurs les chanoines se croyaient en droit d'interdire au public; que, dans la matinée même du jour du feu, les cloches de Notre-Dame avaient été mises en branle pour l'acquit d'une fondation, et que Messieurs de l'hôtel-de-ville s'imaginèrent que ce bruit était pour narguer les habitants, et en réjouissance de l'arrêt obtenu contre l'hôtel; qu'en conséquence, dès le lendemain, et ceci est consigné dans Foulquart, l'échevinage avait envoyé vers le roi, Nicolas Le Membru et Pierre Doublet, pour expliquer comme quoi la ville et ses habitants étaient étrangers à ce malheur, l'église de Reims étant exclusivement sous la garde du chapitre! — Or, n'est-il pas à présumer que les députés de l'échevinage, dans le scrupuleux récit qu'ils firent de l'incendie, appuyèrent à dessein sur la négligence des chanoines, et lui imputèrent ce qui n'était que le fait des plombiers Legoix? Puis voyez un peu cet empressement de Messieurs de l'échevinage à courir, le lendemain même du sinistre, protester au roi qu'ils sont innocents, et que, s'il y a faute, elle est toute au chapitre! Qu'y a-t-il d'étonnant que, sous l'influence des insinuations des sieurs Doublet et Le Membru, le roi Louis XI ait dit : « Par Notre Dame! si faisions notre devoir, jà mettrions de bons moines en notre église de Reims, et chasserions d'icelle ces méchants chanoines! »

Il n'est plus extraordinaire dès-lors qu'instruits de l'étrange service que venaient de leur rendre Messieurs de l'échevinage, les députés du clergé aient cru prudent d'informer et d'implorer tout d'abord les seigneurs de la cour, *qui en eurent grande compassion*. Après quoi les lettres furent présentées au roi, *lequel fut de prime face troublé, et néantmoins dit qu'il y feroit du bien, et qu'il falloit la refaire*. Et si quelque chose prouve que le récit du chapitre fut agréé, c'est qu'après l'entrevue royale, les courtisans, les princes qui entouraient Louis XI purent en toute sûreté de conscience exprimer leur sympathie aux députés du clergé, ce que certes ils n'eussent osé faire, si le maître n'eût lui-même paru touché. « Et en eurent grande compassion tous les seigneurs de la court qui estoient près du roy, spécialement Madame de Beaujeu, sa fille, qui fort les avoit aydés (sans doute à parvenir jusqu'aux pieds de Louis XI). Et en passant par Amboyse (la cour estoit alors à Plessis-les-Tours), Monsieur le daulphin dit que s'il avoit de l'argent, il en donneroit volontiers. » Nous verrons plus loin que le petit roi Charles VIII se souvint de l'émotion et des promesses du dauphin.

Marlot, qui n'était pas chanoine de Notre-Dame, mais moine et prieur de Saint-Nicaise, c'est-à-dire peu disposé à la bienveillance envers le chapitre, ne dit rien dans son récit qui révèle un sentiment hostile aux chanoines et qui ne rentre dans la version de Cocquault.

« L'église de Reims souffrit en ce temps un notable détriment par le feu qui se prit à la couverture, dont elle fut entièrement consommée le 23 juillet, à une heure après midi, 1481. Les mémoires portent que les clochers bastis au bout de chaque croisée, avec celui du chevet, où estoient onze cloches, furent réduicts en cendres ; que le métail, avec le plomb de la couverture, tomba sur la voûte, puis coula le long des vitres, et que la perte fut estimée à plus de cent mille livres parisis. — Le chapitre travailla diligemment à réparer cette ruine, tant par la vente des joyaux de l'église que par une queste qui se fit en la ville, dans le diocèse, et par les évesques de la province; le doyen fut aussi envoyé au roy pour obtenir quelques secours de Sa Majesté et pour faciliter la queste hors du diocèse; l'archevesque envoya lettres addressantes aux évesques diocésains pour les exhorter de permettre la publication qui seroit faite aux prônes des églises, ordonner des processions publiques et assister ceux qui seroient envoyés pour chercher du métail en leurs villes. — Je trouve qu'on fut particulièrement aydé par les charités des évesques de Châlons, de Laon et de Soissons, et que les questes de Flandre estoient affermées à plus de trois cents livres. »

Parmi les personnes notables qui, dès les premiers jours, vinrent en aide au chapitre, nous ferons remarquer le comte d'Angoulême, père de François Ier; en sa qualité de seigneur d'Épernay, il octroya cent vingt pièces de bois, tirées de la forêt qui domine cette ville, lesquelles furent employées à la reconstruction de la charpente des combles. Nos archives conservent lettres de cet octroi, datées de 1482.

Quant au roi Louis XI, malgré son zèle au service de Dieu et sa dévotion à Notre Dame, nous ne voyons pas dans les pièces qui nous restent de ce temps qu'il ait contribué autrement que par des vœux à l'œuvre de restauration. Il ne faut pas inférer de là qu'il conserva son humeur contre le chapitre, et surtout en tirer la preuve, ainsi que l'ont fait d'ingénieux écrivains, d'une rancuneuse colère contre les habitants, auteurs, vingt ans auparavant, de l'émeute célèbre dite *Mique-Maque de Reims*. L'histoire, pour noircir la mémoire de ce prince, a suffisamment de méfaits à lui reprocher sans qu'il soit besoin de recourir à des fictions qui ne pourraient soutenir le moindre examen critique. La vérité est que, peu de temps après le désastre de Reims, Louis XI était en proie à la maladie cruelle qui devait l'emporter, et que, dès ce moment, les soins de Jacques Coictier et de maître Olivier ne le défendaient plus de funestes pressentiments. C'est l'époque où, suivant Comines, « pour faire parler de lui parmi le royaume plus que jamais n'avoit fait, et, de peur qu'on ne le tînt pour mort, il envoyait de tous costés acheter choses rares et précieuses et les payoit plus cher qu'on ne vouloit les vendre. » On le voyait solliciter du pape le corporal de saint Pierre, du Grand-Turc les reliques du trésor de Sainte-Sophie. Puis, de jour à autre, sentant ses forces l'abandonner, « il ordonnoit des pèlerinages, des neuvaines à tous les saints de son royaume, se faisoit apporter toutes les reliques qu'il connoissoit, appeloit auprès de lui les personnages les plus célèbres par leur piété et les prioit, prosterné devant eux, de prolonger ses jours. » (Anquetil.) Peut-être était-ce le cas de songer à la détresse de l'église de Reims! Un jour, effectivement, il lui vint en l'idée de se tourner vers la ville du sacre; mais Notre-Dame n'était pas l'objet de ses préoccupations. Son point de mire était l'abbaye de Saint-Remy, où se conservait précieusement l'ampoule envoyée miraculeusement du ciel à Monseigneur saint Remi pour le baptême du premier roi chrétien, dont lui-même avait été oint en son sacre, et qui, par une nouvelle et sainte onction, le pouvait rendre sain et sauf aux jouissances de la royauté qui lui échappaient. Les historiens de la cité rémoise, Marlot, Anquetil, et tout dernièrement M. Prosper Tarbé, ont parlé au long de ce curieux épisode des derniers moments de Louis XI. Nous renvoyons le lecteur à leurs récits.

VI.

De la restauration de l'église de Reims, et des travaux de Maître Collart Lemoyne.

Un des premiers soins du chapitre, avant même d'avoir réalisé le produit des quêtes et des aumônes publiques, fut de mettre les ouvriers à la besogne et de hâter les travaux les plus indispensables. On a vu, par le récit de Cocquault, que le service divin ne fut pas longtemps interrompu, car les voûtes, semble-t-il, n'avaient point été endommagées. Les secours arrivaient de toutes parts, outre les collectes effectuées sur les divers points du diocèse. D'ailleurs, les bois de la fabrique, puis ceux fournis en pur don par le comte d'Angoulême et d'autres seigneurs du voisinage, facilitèrent la besogne. Il nous est tombé sous la main une pièce importante pour l'histoire de cette restauration, pièce qui n'a été consultée ni citée de personne, en raison sans doute du style et de l'orthographe, plus qu'insolites, de l'auteur. C'est le *Devis de l'œuvre de carpentrie*, qui fut entrepris sur le commandement du chapitre. Cette pièce est datée du 12 mars 1483, c'est-à-dire sept mois avant la mort de Louis XI (1), et cela est à noter pour certain point que nous releverons tout-à-l'heure. Nous n'avons pas la prétention d'avoir compris tous les termes de ce devis de Maître Collart Lemoyne, entrepreneur de l'œuvre. Outre l'irrégularité de l'expression, que, sans rabaisser le talent du maître, l'on peut regarder comme ordinaire aux charpentiers du xve siècle, il règne dans ce procès-verbal une technologie à laquelle nous sommes peu familier pour notre part, et qui pourrait fort bien embarrasser un plus habile que nous dans l'art du bâtiment. Nous ne nous hasarderons donc à citer que les points du devis qui nous paraîtront les moins obscurs et qui se rattacheront le plus à la question que nous envisageons. Nous ne doutons pas cependant que ce document ne soit utile à publier en son entier, mais c'est une tâche que nous laissons bien volontiers à d'autres plus habiles.

On sait que de nos jours les archéologues sont encore divisés sur la question de savoir quelle forme avaient ou devaient avoir, dans les idées du maître des ouvrages, les tours, les clochetons et certaines parties de la toiture de la cathédrale. Plusieurs de ces points trouvent leur entière solution dans le devis de Maître Collart Lemoyne. Et d'abord parlons du clocher à l'Ange, sur lequel on a imaginé bien des rêveries. Anquetil est le premier qui ait imprimé dans son histoire une explication des figures qui supportent cette élégante flèche. A propos des restaurations faites après l'incendie de 1483, Anquetil écrit en note :

« On ne sçait point la date des figures qui servent de support au clocher à l'Ange, mais il est certain qu'elles sont postérieures à 1481, année de l'incendie, époque qui sert à expliquer cette espèce d'hiéroglyphe. Ce sont des statues de taille gigantesque, qui toutes représentent des personnes punies de peines

(1) Louis XI mourut le 30 août 1483 ; mais il ne faut pas perdre de vue qu'à cette époque, l'année ne commençait qu'à Pâques. Ainsi donc le *Devis* que nous citons est des derniers jours de 1483.

afflictives ou *mortes dans les supplices.* (!!!) L'une tient une bourse d'où elle tire de l'argent; une autre porte des marques de flétrissure; plusieurs, percées de coups, présentent des livres ou *des rôles d'impôts* (!!!) *qui paraissent être cause de leur malheur.* Ces attitudes sont trop correspondantes pour ne pas faire allusion à quelque évènement connu; or, nul ne l'était plus alors que la *Miquemaque*, arrivée *seulement* vingt ans auparavant. Il faut donc conclure que c'est pour contenir le peuple par le souvenir du châtiment qu'on aura fait élever sous ses yeux ce monument de déshonneur. »

Voilà une interprétation dont l'auteur dut être satisfait. Je ne sache rien, en effet, qui chatouille plus l'amour-propre que la découverte d'un hiéroglyphe historique : et celui-ci, pour quiconque a examiné de près les statues en question, a tant d'originalité, tant de vraisemblance, qu'il est difficile de résister au charme de l'interprétation. Je connais une infinité de monuments dits *symboliques* du moyen-âge, dont l'explication, tout aussi ingénieuse, a fait la fortune et la gloire de tel et tel archéologue en renom. Malheureusement pour Anquetil, cette interprétation (quoiqu'il n'en dise rien, ce qui est mal) n'est pas de lui. — C'est à Nicolas Bidet, auteur de *Mémoires* inédits *sur l'histoire de Reims*, qu'il en faut reporter tout l'honneur. « C'est contre toute pudeur, dit celui-ci tout indigné, que le P. Anquetil se fait honneur dans une note de l'explication de ces figures mystérieuses qui se voient au bas du clocher à l'Ange de l'église de Reims... Il n'oseroit disconvenir qu'il ne la doit qu'à la complaisance de l'auteur de ces mémoires, qu'il nomme dans son discours préliminaire, et qui, ayant approfondi et pénétré cette espèce d'hiéroglyphe, a eu la complaisance de lui en faire part; c'est donc de sa part un manque de reconnaissance de n'en avoir pas fait honneur à cette même personne, comme il l'a fait à toutes celles qu'il a copiées, en les citant à la marge de son ouvrage. »

Cette véhémente réclamation est en note, à la suite de l'explication que donne N. Bidet des personnages qui figurent à notre clocher. Le style de N. Bidet en cette occasion annonce un auteur tout-à-fait maître de son sujet, et prouve qu'il est effectivement l'auteur de la découverte :

« Bien des personnes, écrit-il, sont curieuses de savoir ce que désignent sept figures qui paroissent pendues au bas du clocher de l'église de Reims, dit le clocher à l'Ange, immédiatement au-dessus du comble de cette église, sur lequel il se trouve élevé. Il s'est répandu jusqu'à présent à Reims un bruit populaire que ces figures représentent des habitants de cette ville qui avoient été suppliciés pour l'avoir voulu livrer aux ennemis de l'état; mais cette fable, dont on ne cite aucune circonstance, paraît être véritablement dénuée de toute vraisemblance. On ne trouve, en effet, dans les mémoires de cette ville rien qui, bien loin de laisser la moindre idée d'une pareille perfidie, ne constate, au contraire, des soumissions à toute épreuve desdits habitants à leur souverain, et d'un courage peu commun à défendre leur ville, comme ils l'ont fait dans tous les temps et dans toutes les occasions, contre les différentes attaques des ennemis de l'état, toutes les fois qu'ils en ont été les maîtres absolus, et qu'ils en ont eu seuls la garde. C'est ce qui résulte en effet des lettres de Charles le dauphin et régent du royaume, écrites aux habitants de Reims les 10 juillet et 26 décembre 1359, et 8 avril 1360, et de la déclaration de Louis XIII (1621). On se croit bien fondé, toutes réflexions faites, à dire que ces figures représentent des gens de la populace de cette ville, qui, en 1461, s'étant soulevés contre le renouvellement de quelques impôts dont ils prétendoient que le roi Louis XI, lors de son sacre, leur avoit promis la suppression, et, ayant excédé, maltraité et chassé de la ville les commis des fermes du roi, forcé leurs demeures, saisi leurs caisses, enlevé leurs registres, furent arrêtés et poursuivis criminellement, et, sur les informations contre eux faites, punis de différents genres de mort, ou de bannissement, ou d'amendes pécuniaires, par jugement des officiers municipaux, gouverneurs de cette ville. Ce jugement se trouve constaté par des lettres de pardon données à Tours, au mois de décembre de 1461, que le roi, d'après cette sévère punition des principaux coupables, a accordées aux autres. Cette réflexion paraît d'autant plus vraisemblable, que la sédition du mois d'août 1461, appelée communément le *Micmac de Reims*, étant arrivée quelques années avant l'incendie et le rétablissement de ce clocher, les notables habitants de Reims, qui n'y avoient eu aucune part, auront été bien aises, pour laisser à la postérité la mémoire de ce jugement et contenir la populace par cet exemple de sévérité, d'exposer au haut de cette église, et à la vue d'un chacun, les figures de quelques-uns de ces suppliciés, dont l'un porte une bourse attachée devant lui, de laquelle il paraît tirer de l'argent; et un autre un registre sous son bras; ce qui constate et réalise parfaitement cet hiéroglyphe. — Les mémoires de Cocquault nous rappellent, à la vérité, qu'avant le sacre de Charles VII, deux ecclésiastiques de Reims (Jean Honorat et Jean Grolet), ayant été accusés et convaincus d'avoir, après l'expulsion des Anglais de cette ville, conspiré pour la leur remettre, avaient été punis de mort en 1429; mais il n'est nullement probable que la punition de ces deux ecclésiastiques, antérieure de cinquante-deux ans à l'incendie de la couverture et des clochers de l'église de Reims, et de trente-trois ans au soulèvement de la populace en 1461, ait jamais été l'objet de cet exemple de sévérité, dont on a voulu conserver la mémoire à la postérité par les sept figures qui paroissent pendues autour de ce petit clocher. »

Que ce sens donné aux statues du clocher à l'Ange soit de N. Bidet ou d'Anquetil, il n'en est pas moins vrai qu'il fit fortune, et que tous les historiens depuis ce temps ne manquèrent pas de l'adopter. Pour notre part, nous nous défendons d'y avoir jamais donné la moindre confiance. Nous avons répété cette histoire aux curieux étrangers que nous avons parfois accompagnés en ces régions éthérées de notre cathédrale, mais tout uniment parce que nous y trouvions la matière d'une histoire, et qu'une histoire est toujours bonne à raconter aux étrangers ; mais, en vérité, en ceci nous avons agi comme les voyageurs, qui disent volontiers tout le contraire de ce qu'ils pensent et de ce qu'ils savent.

M. Prosper Tarbé, dans son charmant volume de *Notre-Dame de Reims*, a pris l'avance sur nous pour réfuter cette opinion. « Quelques personnes, dit-il (p. 78), ont vu là une allusion aux massacres qui suivirent l'émeute du Micmac, un épouvantail dressé par le pouvoir royal pour terrifier les Rémois. Nous n'admettons pas cette explication. L'incendie de 1481 a-t-il détruit le clocher *à l'Ange ?* Dans ce cas, il ne fut reconstruit que sous Charles VIII. A cette époque, les faits et gestes de Louis XI étaient loin d'être en faveur, et il est peu probable que le jeune roi ait pris soin de relever ce monument de la cruelle sévérité de son père. »

M. Tarbé eût pu ajouter que tout le travail de la vie de Louis XI fut d'humilier l'aristocratie, et qu'entre autres moyens, il favorisa constamment les gens de mince condition et tirés du peuple; non peut-être qu'il aimât passionnément celui-ci, mais parce qu'il entrait dans sa politique de se faire au besoin une arme, un rempart du peuple contre les tyrans féodaux. Or, le plaisir d'exposer à un éternel carcan *des gens mécaniques et de petit état*, ainsi qu'il appelait lui-même les auteurs du *Micmac*, ne devait pas être de son goût, et cette fantaisie n'a pu, vingt ans après l'évènement, lui entrer dans l'esprit. D'ailleurs, Charles VIII, âgé de treize ans quand il monta au trône, Charles VIII, qui, en voyant les députés du chapitre à Amboise, tout ému de compassion, leur avait dit que « s'il avoit de l'argent, il leur en donneroit volontiers ; » Madame de Beaujeu, « qui spécialement les avoit fort aydés auprès du roy, » et qui, après la mort de son père, eut la tutelle de son jeune frère et la charge du gouvernement, n'étaient, ni par caractère, ni par position, en vouloir de perpétuer le souvenir de l'émeute de 1461, qu'ils n'avaient point vue, et encore moins le *symbole* de la vengeance qu'en avait tirée leur très-redouté seigneur et père.

Ces inductions, qui viennent naturellement à l'esprit de quiconque a lu l'histoire, ont médiocrement touché, en ces derniers temps, M. E. Alboize, ingénieux écrivain, qui, dans son roman de la *Mique-Maque de Rheims*, n'a pas le moins du monde hésité à adopter la version de MM. N. Bidet, Anquetil, Géruzez, Gilbert, Povillon et autres.

« Charles VIII, dit M. Alboize (que nous sommes heureux et flatté de pouvoir citer ici), fut sacré comme son père dans la cathédrale de Rheims. La sainte ampoule avait été rapportée dans l'église de Saint-Remi à la mort de Louis XI; mais *l'église de la cathédrale* n'était point encore réparée, et les Rhémois se gardèrent bien de masquer les dégâts de l'incendie, afin que le nouveau roi pût en juger par lui-même. En effet, Charles VIII fut frappé de l'affligeant spectacle d'une église à demi consumée. Son sacre se ressentit de la tristesse de l'édifice. Les Rhémois lui demandèrent de nouveau de l'argent pour la faire réparer. Charles VIII voulut connaître les motifs qu'avait eus son père de refuser ce qui lui paraissait de toute justice ; il se fit rendre compte de cette affaire : on découvrit dans les papiers qui s'y rapportaient une lettre fermée, avec cette suscription de la main de Louis XI : *A mon successeur*. Charles s'empressa de l'ouvrir. C'était l'histoire de *la Mique-Maque de Rheims*, avec cette volonté si fermement exprimée à Charles VIII que, s'il voulait donner de l'argent pour faire reconstruire la partie détruite de la cathédrale, il ne devait le donner qu'à condition que, dans les nouvelles constructions qui seraient faites, quelque chose rappellerait *la Mique-Maque* de Rheims et la vengeance terrible que Louis XI en avait tirée, afin, ajoutait Louis XI, que le crime et le supplice soient éternellement sous les yeux des Rhémois. — Charles VIII se conforma aux volontés de son père; il donna des ordres en conséquence, et accorda, pour la réparation de l'église, une somme considérable sur les greniers à sel... Dans peu de temps, on releva la partie incendiée de l'église, et, comme l'avait ordonné Louis XI, la nouvelle construction rappelle la révolte et la punition des Rhémois. *Cinq* statues de taille gigantesque servent de support au clocher à l'Ange : toutes cinq représentent des personnes punies ou mortes dans les supplices. L'une tient une bourse d'où elle tire de l'argent; une autre porte des marques de flétrissure; plusieurs, percées de coups, présentent des livres ou des rôles d'impôts qui paraissent être la cause de leur malheur. TOUTES SONT A GENOUX!!! Tel est le récit, ajoute candidement M. E. Alboize, que me fit le gardien des tours de la cathédrale de Rheims, en me montrant cette église, une fois que nous fûmes arrivés au clocher *à l'Ange*. Ce récit me parut assez intéressant pour mériter qu'on le rapportât textuellement, ainsi que je viens de le faire. »

Malgré l'autorité de M. E. Alboize et de cet excellent gardien des tours de Notre-Dame, qui, je crois, ne s'attendait guère à être fourré dans cette histoire, nous persisterons à rejeter cette interprétation et le petit conte dont M. E. Alboize l'a fait précéder. Tout cela peut être fort agréable dans un feuilleton du *Siècle* (en matière de traditions historiques, on sait que le *Siècle* a fait ses preuves), et même dans celui du *Journal de Rheims*, qui, friand de faits locaux, s'est empressé de le reproduire textuellement; mais, encore un coup, c'est de l'histoire à la façon des feuilletonistes, et nous n'avons rien à démêler avec ces messieurs. Nous reprocherons seulement à M. Alboize de n'avoir vu que *cinq* statues au *clocher à l'Ange*, — puis de les avoir mises *toutes à genoux*, quand toutes, au contraire, sont parfaitement sur leurs pieds. A cela près, nous tenons pour bien conté le petit roman de ce monsieur.

Mais, pour en revenir à notre affaire, nous avons à citer une pièce qui, à notre sens, lève tous les doutes. Le devis de Maître Collart Lemoyne, si obscur pour nous en beaucoup de ses points, est en ceci suffisamment clair et précis.

« Item, conviendra faire et poursuivre le conble du cœur, depuis la croisiée, en poursuivant jusques en la fin du chavet dudit cœur; lequel conble contient en longueur LXXXXVI piés ou environ, et est ledit conble de pareille largeur que la nef, en laquelle longueur jusques en la première aysue du chavet du cœur, qui se tourne à cinq pans, y ara establi VIII vaulx et quatre demi-vaulx qui se tournent avoecq les aysues des pans dudit chavet : lesquels vaulx et demi-vaulx seront reloiés autour de leur machonnerie, pareillement que cheulx de la nef, et se continuera toute ladite œuvre de estiaulx de haultes panes de liens dassiers de montans sur cheverons de wysmes, de festes et surfestes, et de chevrons et de toute pareille œuvre de la nef, aussi bien au chavet que aillieurs, sauve et réserve que ens au diamètre dudit chavet sur ung arrayement qui se fera à la hauteur du milieu du conble sur sa vauysine, *se renchargera un clochier à VII pans de neuf piés en diamètre ou environ*, et seront lesdits estiaux si longs qui wideront hors de leurs festes, VIII ou IX pieds environ ou plus, s'il plaît à mesdits seigneurs. — Item seront lesd. estiaux assis à l'encontre de leurs heretières et s'en aguilleront lesd. heretières en leurs estiaux, afin que toutes les hérettes continuent toute l'œuvre ; et la lanterne, dont l'une sera à la hauteur d'une de le feste, et l'autre sera à la hauteur d'une couronne desseure. — Item en ladite hauteur de l'enrayure de le feste *s'assaieront* VII *hommes de cuivre qui porteront la couronne de desseure*, qui porra avoir VIII piés ou environ, au plus, comme il plaira à mesd. seigneurs. — Item, sera lad. enrayure si large, qu'elle aura piés et demy leurs estiaux, ou environ, — et *seront lesd. hommes de cuivre creulz par derrière*, qui engoulleront leurs estiaux, que on ne pourra voir lesdits estiaux : et seront couverts de plomb par dedans œuvre. Et sur lad. enrayure, sur la tête des hommes de cuivre, se fera une clairvoie de bois de trois piés de haut ou environ, revestu de gouche de croix gantelées de compas le plus honnêtement que faire se pourra. Item, seront lesd. VII estiaux qui seront assis sur les cuivres si loing, qu'ils passeront leurs piés trois piés ou environ, *pour y faire flouronchiaux ou housettes*, comme il plaira auxdits seigneurs. — Item, sur lad. enrayure s'assaiera une fléchette qui sera si grande, qui demourera pié et demi entre la clairvoie et la flèche pour aller autour. Sur laquelle enrayure se assaiera un montant de XXXIII piés de long ou environ, en deux montants qui feront la longueur, lequel montant sera lié de VII héretières, et en laquelle hauteur y aura espace trois enrayures et pourra y avoir huit pieds d'enrayures en autres; lesquelles enrayures seront estoffées de wismes de couliars frappant en leur montant et en leurs héretières, et les autres wismes les aucunes en leurs couliars; et tout pareillement les maîtresses wysmes rechupt de loiens en leur montant et en leurs héretières par-dessous, et les petites wysmes s'en iront enaguilliez en leurs chevrons et ens couliars des enrayures, et sera continué d'enrayures en enrayures. »

Nous aimons à croire que les hommes spéciaux comprendront parfaitement et sans la moindre difficulté chacun des termes de ce devis de notre maître en charpentrerie; ce que nous y voyons tout aussi clairement que personne, c'est que la reconstruction de cette partie de la cathédrale est exclusivement l'œuvre de Maître Collart Lemoyne, qui imagine de *renchargier le milieu du comble de la croisiée d'un clochier à* VII *pans,* dont il fait supporter la couronne *par* VII *hommes de cœvre, qui pourront avoir* VIII *piés, ou environ, ou plus, comme il plaira à mesdits seigneurs* les chanoines, chapitre et bourgeois de Nostre-Dame de Reims, lesquels hommes *de cœuvre creulx par derrière, seront couverts de plons par dedans œuvre...*

Dans cette exposition si simple des décorations de notre élégante fléchette, il est bien difficile à l'imagination la plus hardie de faire intervenir la colère posthume du roi Louis XI, éternisant dans la personne de ces sept hommes *de cœuvre,* le supplice des *gens de petit état*, auteurs du Miqué-Maque de 1460. Quoi qu'on en ait dit, ces figures ne nous paraissent point représenter des personnes punies ou mortes dans les supplices; elles ne sont point à genoux; elles ne portent point de marques de flétrissure, et ne présentent point des livres ou des rôles d'impôts; enfin, elles ne sont point percées de plusieurs coups... Ce sont tout simplement des supports plus ou moins élégants, des cariatides d'autant plus curieuses que, contrairement aux habitudes des architectes modernes, l'artiste en a pris le modèle dans les figures, dans les personnages de la société bourgeoise du temps. On retrouve dans ces statues, et voilà la seule chose que nous puissions accorder aux faiseurs de symboles, le portrait des gens de diverses classes de la société du temps de Louis XI et de Charles VIII.

Nous ferons toutefois une remarque : Collard Lemoyne n'indique que sept hommes de cuivre; — il en existe huit, en comptant celui du pan enclavé dans le pignon du chevet, et dont, à la vérité, l'on ne voit que le buste. — Ce personnage est le plus caractéristique peut-être : sa main gauche est reportée vers son épaule droite, comme un homme qui charge quelque chose; cette chose, c'est le clocher. Son air est mâle, énergique; il est coiffé d'un bonnet dont la forme phrygienne pourrait bien être le fait d'une restauration moderne, ainsi que la pipe qu'un facétieux plombier de notre époque a jugé à propos de lui mettre en la bouche. C'est l'image au naturel de l'homme du peuple, du fort ouvrier. — Le second, mutilé, amoindri dans ses dimensions, a été soumis à une sorte de réparation qui lui a fait perdre la forme de son vêtement; cependant on y reconnaît fort bien caractérisée la tête d'un clerc, d'un homme d'église. Il tient de la main gauche un rouleau ; c'est là ce que les commentateurs appellent *des livres d'impôts.* A ce compte, je me fais fort de trouver dans les statues qui décorent la cathédrale deux cents personnages tenant des livres d'impôts. — Le troisième est le véritable bourgeois du temps : sa figure respire cet air bonhomme que nos vignettes des manuscrits du XVe siècle donnent aux gens de cette classe. Il est vêtu de la robe longue à capuchon ; il porte la main droite au pectus, et la gauche repose le plus naturellement du monde à la ceinture qui maintient la robe. — Le quatrième, vêtu à peu près de la même façon, et coiffé d'une espèce de toque, nous paraît être la figure d'un marchand ; celui-là porte l'escarcelle, cette sorte de gibecière si en usage au temps de Louis XI et de Charles VIII, et ses deux mains s'y joignent et semblent y prendre ou y verser quelque chose. — Les traits communs, quoique fortement accusés de la figure, pourraient bien n'être que ceux d'un ouvrier charpentier, et cette escarcelle, la poche dans laquelle il met ses moindres outils. Quoi qu'il en soit, c'est ce personnage qui a donné lieu à la fable que nous avons réfutée. En effet, ses mains fouillent à l'escarcelle ! évidemment pour y puiser l'argent de l'impôt, cause de la révolte ! ! — Le cinquième est le personnage le moins commode pour l'interprétation de Bidet et d'Anquetil ; celui-là est vêtu en empereur romain ; il en a la chevelure tombante, le paludamentum ou manteau qu'il relève de la main gauche ; la droite retombe naturellement, et dans les traits de la figure, de la pose et du geste, tout respire l'autorité, le commandement. Bien que ce ne soit pas là le costume ordinaire des princes de l'époque, nous y trouvons la personnification de l'altière aristocratie, et nullement l'expression d'un homme supplicié. — Le sixième est moins fier. C'est un personnage nu jusqu'aux reins, dont l'expression de figure annonce la souffrance ; il porte la main gauche à l'oreille et semble se soutenir la tête. Nous ferons remarquer que, comme cariatide, cette posture est toute naturelle. — Le septième, vêtu d'une longue robe croisée sur le devant en forme de rochet, coiffé d'une toque, s'appuie de la droite sur une crossette. — Sauf cette dernière particularité, sa figure n'offre rien de remarquable.

Il n'en est pas de même du huitième, et nous sommes forcés de convenir que celui-ci, vêtu à peu près de la même façon que les autres, a cependant l'apparence d'une personne mise à la question, à la géhenne. Sans parler de l'espèce de corselet qui lui serre le haut de la poitrine, et qui pourrait bien n'être que le travail d'une restauration grossière, le bas des jambes est dans un étau qui les comprime : à moins que cette sorte de bourrelet, que nous n'avons pas eu le loisir d'examiner de très-près, naguère partie intégrante du vêtement, ne soit ainsi détachée de la robe même par une solution de continuité, que le temps aurait occasionnée. Il resterait encore la forme affaissée de l'individu, la pose de ses pieds sur une sorte d'escabeau qui semble les tenir enfermés. — Enfin, nous signalerons, à chacune de ces curieuses cariatides, les deux énormes clous qui les fixent aux estiaux de Maître Collard Lemoyne, et qui, aujourd'hui, ou trop enfoncés, ou rompus à la tête, ont laissé sur chacune, à la poitrine et aux genoux, deux traces, que les commentateurs n'ont pas manqué de prendre pour de flétrissants stigmates.

Quelle que soit maintenant l'opinion que l'on conserve au sujet de ces statues, on doit reconnaître qu'elles sont fort singulières et très-remarquables ; toutes ont le cachet de la fin du XVe siècle, et il ne faut que les voir pour y reconnaître les figures de la bourgeoisie rémoise de cette époque. C'est donc par une préoccupation bien étrange que M. Tarbé (p. 79 de sa *Notre-Dame de Reims*), ne tenant point compte de ce caractère, écrit : « L'existence du clocher à l'Ange est aussi ancienne que celle des autres tours de la cathédrale. S'il ne fut pas brûlé *(on sait maintenant qu'il le fut)*, nous devons le voir tel qu'il fut construit au XIIIe siècle. Aucun de nos chroniqueurs ne constate qu'à une époque quelconque on ait ajouté les figures dont s'agit. D'un autre côté, ils nous apprennent qu'à côté du maître-autel s'élevaient sur des colonnes huit statues de métal qui représentaient de même des suppliciés ou des suppliants. Rappelons-nous encore les descriptions que nous avons données des cathédrales de Saint-Nicaise et d'Hincmar, et nous y verrons précisément les mêmes figures se reproduire aux tours du portail et au clocher qui termine le toit du côté de l'abside. — Les dessins que nous avons décrits remontent à la fondation de la cathédrale actuelle. On en peut conclure que le clocher à l'Ange et sa décoration remontent à une haute antiquité; si l'on veut y voir l'emblème d'un châtiment, d'une expiation, on ne peut y reconnaître qu'un souvenir des insurrections du peuple contre les archevêques dans le XIIIe siècle, des réparations et des peines imposées aux rebelles. »

Nous ferons remarquer à M. Tarbé qu'il ne peut y avoir la moindre analogie entre les cariatides du clocher à l'Ange et les figures de l'ancien maître-autel, ou celles qu'il rappelle des églises de Saint-Nicaise et d'Hincmar. Ces antiques figures avaient le vêtement, le caractère et le style du VIIIe au IXe siècle; elles ne devaient donc avoir aucune espèce de ressemblance pour la forme, pour l'expression, pour le costume, avec les hommes de cuivre de Maître Collard Lemoyne, qui prit ses types dans la population rémoise, au milieu de laquelle il vivait.

Donc, pour en finir sur ce point, trop longuement débattu, ces figures, tout bizarres qu'elles paraissent, nous semblent l'œuvre fortuit ou capricieux de l'artiste, qui, là, comme ailleurs, maître de sa pensée et de son exécution, a donné à ses cariatides le caractère qu'il a voulu. Maintenant que les habiles, les curieux, les fanatiques du symbolisme y voient un emblème, une intention satirique ou matière à allusion politique, libre à eux! Ce que nous tenions à démontrer, c'est que Louis XI et son fils Charles VIII sont complètement étrangers à la pose et à la forme données à ces statues.

VII.

Du Sacre du roi Charles VIII, et de ses libéralités à l'église de Reims, avec diverses autres matières.

Pour réparer tant de dommages, les ressources trouvées par le chapitre dans les offrandes publiques et dans le produit des joyaux et reliquaires vendus ou engagés, n'avaient point suffi, à beaucoup près. Le roi Louis XI était mort peu après l'envoi de la sainte ampoule, et le dauphin, son fils, un enfant de treize ans, venait d'être déclaré majeur sous l'autorité de Madame de Beaujeu, sa sœur. « Charles, dit Marlot, ayant pourveu aux obsèques de son père, devoit donner le commencement à son règne par l'auguste cérémonie du sacre, pour augure et favorable prémisse de sa royauté; mais le différend survenu entre le duc de Bourbon et Louis, duc d'Orléans, touchant la régence, le fit différer jusqu'à l'année suivante. Pendant ce délai, les députés qu'on avoit envoyés en cour pour apprendre le jour du couronnement et *poursuivre quelque octroi* pour la réparation de la grande église, retournèrent à Reims le 10 mai, avec ordre de disposer les choses nécessaires pour l'entrée de Sa Majesté. Le maréchal-des-logis, étant arrivé quelque temps après, vint en l'église cathédrale avec le lieutenant des habitants pour reconnoistre la commodité du chœur et visiter le pulpitre où devoit estre dressé le thrône royal. »

On peut lire dans le *Cérémonial françois* de Théodore Godefroy un récit fort intéressant et très-circonstancié des solennités du sacre de Charles VIII. Ce récit, l'auteur l'a puisé dans les Mémoires du syndic Foulquart, qui assistait aux fêtes (1). On doit donc considérer les curieux détails qu'il donne comme authentiques. Cocquault n'a guère fait que copier cet annaliste; cependant voici quelques lignes de son manuscrit qui ne se trouvent point dans Godefroy et qui ne manquent pas d'intérêt pour le pays. Les noms propres qui s'y lisent appartiennent à l'histoire de notre cité et méritent d'être conservés.

« Le roy escrit aux habitants de Reims, estant au boys de Vincennes, leur signifiant qu'il estoit en chemin pour venir à Reims se faire sacrer et couronner; que son intention estoit d'y estre dans le xve de may, et d'aultant que l'on l'avoit adverty que, l'an passé, on estoit mort de la peste à Reims en plusieurs lieux, mandoit et commandoit que l'on fît feu aux maisons où la peste avoit esté, et que l'on les fît ayrier; aussi que l'on fît venir vivres de toutes parts en ladite ville, afin que chacun y puisse estre bien accueilli; qu'ils préparassent toutes les choses accoustumées pour ce subject, ce qui fut commandé à tous habitants de faire. Et furent receues ces lettres le 13 may...

» Le roy escrivit encore pour le faict de son sacre, et furent receues lettres les 20 et 25, adressantes aux gens d'église, manants et habitants de Reims. L'assemblée, pour ouïr lecture des dernières, fut chez Monsieur de Reims, où assistèrent MM. les évesques de Langres, Noyon, Amiens, de Lombais, abbé de Saint-Denys-en-France... Par ces lettres, datées de Meaux, le roy mandoit qu'il désiroit que son saint sacre et couronnement fût

(1) On retrouve partie de ce récit dans l'*Entrée du roy nostre sire en la ville et cité de Paris*, rééditée par la *Société des bibliophiles de Reims*.

duement fait, pour ce que c'est chose divine; qu'il envoyoit Cousinot, sieur de Monstreuil, pour communiquer avec Monsieur de Reims, gens d'église et lesdits de la ville, touchant ledit sacre, et prioit que chacun s'y employât et que l'on advisât comment tout se pourra mieux faire. — A quoy fut faict response par ledit sieur de Reims qu'il avoit communiqué les lettres au chapitre et aux habitants; que, dès auparavant sa venue, luy et Messieurs les prélats présents avoient advisé entre eulx à ce que ils avoient à faire, et le feroient bien, et ne leur falloit apprendre; mais qu'ils avoient doubte touchant M. l'abbé de Saint-Remy. — Par Philippe de Bezannes, pour l'eschevinage, fut respondu que la ville jusques icy avoit faict et feroit, en ce qui regardoit les habitants, tout leur possible, et feroient tout ce que Monsieur de Reims leur ordonneroit.

» Le chapitre disposa donc des gens pour faire réception au roy et aux seigneurs. Le chantre de l'église fut député pour porter la parole de la part du chapitre à Soissons, et fut ordonné que l'on feroit harangue en latin à Monseigneur l'archevesque de Lyon, cardinal, et à Monsieur le chancelier de France; que l'on recevroit les princes honorablement; et, pour recevoir le roy à l'église, la veille de son sacre, venant au soir pour y faire prières, lorsque le peuple est retiré, pour assister Monsieur de Reims, furent députés les doyens, l'escolâtre, les maîtres de fabrique Jehan Mortie, Jehan de Lor, Jehan Bernier, Jehan de Gomont et Drogo Gandon, chanoines; et ordinairement c'est le lieu où le chapitre fait sa requeste au roy, lorsqu'il luy demande quelque chose; mais elle fut délaissée, et le roy fut seulement receu. — Cependant le roy approchoit de Reims; le 28 du mois, vint souper au chasteau de Gueux : le maistre-d'hostel ainsi l'affirma, et dit que l'on trouva de jeunes lapins et lapereaux pour la bouche du roy et des gens.

» Le lendemain samedi, 29 du mois, le roy fit son entrée solennelle à Reims, et la ville fut au-devant, sçavoir : le doyen de l'église de Reims, qui portoit la parole pour la ville; le capitaine de la ville, Charles de la Ramée; les eschevins de Reims, vestus de robes de couleur de migrainne; et le sieur Foulquart, comme procureur syndic, duquel nous avons pris partie de cecy, avec son compaignon, vestus des couleurs cy-devant dites, accompagnés de leurs sergents, et autres habitants. Le roy fut rencontré près du pont de Muyre, par-delà, lequel estoit vestu d'une robe de drap d'or, affulé d'un bonnet noir et d'un chapeau violet, auquel estoit attachée une plume d'autruche blanche, monté sur un cheval moreau fort éveillé, accompagné de Messieurs d'Orléans, d'Alençon, de Beaujeu, de Dunois, de Vendosme, de Bresse, de Montfort, et d'autres, entre lesquels estoit le gouverneur de Touraine. — Et proposa bien et doulcement devant luy, de par la ville, ledit Brice Bobille de la façon qui suit :

« Nostre souverain seigneur, vos très-humbles et très-obéissants » chapelains et sujets les gens d'église, eschevins, nobles, bour- » geois et tout le peuple de vostre noble et ancienne cité de » Rheims, sçachant vostre très-glorieuse venue, en ensuivant le » Psalmiste, qui dit : *Filiæ Sion exaltent in rege suo*, et pour » accomplir ce qui est escrit : *Regem honorificate*, en feste, en » joie, en liesse, envoyent ceste compaignie au-devant de Vostre » royale Majesté en toute humilité et obédience pour vous re- » cevoir et vous obéir, vous offrant, *comme autrefois par moy* » *vous ont fait offrir* leurs corps, leurs biens, leurs cœurs et tout » ce qu'ils ont, pour de tout faire et disposer à votre bon plai- » sir, et obéir à vos commandements, comme vos bons, vrais » et loyaux subjects, jusques à la mort inclusivement. Chantons » par grande joie ce qui est escrit : *Benedictus qui venit in no-* » *mine Domini*. Sire, béni soyez-vous et le bienvenu, qui venez » au nom de Dieu. Sire, vous venez au nom de Dieu, qui venez en » vostre jeune âge vierge, pur et net, pour recevoir vostre saint » sacre de la divine onction envoyée de Dieu le créateur pour les » très-chrestiens rois de France, et non pour aultres. Par quoy ils » ont, et, au plaisir de Dieu, vous aurez grâce et pouvoir de guérir » et alléger les pauvres malades de la douloureuse maladie que » chacun sçait, qui est don céleste et divin ; et pour ce vous pou- » vons dire : *Benedictus qui venit in nomine Domini*. Vous, soyez » le très-bien venu avec vostre très-noble et très-excellente com- » pagnée, qui venez au nom de Dieu. Au surplus, Sire et nostre » souverain seigneur, pour ce que ceux de vostre dite ville vous » feroient volontiers aucunes petites remonstrances, et que l'heure

» est importune, vous supplient très-humblement que vostre bon » plaisir soit, après la réception de vostre saint sacre, leur don- » ner un petit mot de vostre bénigne audience, et vous, soyez » le très-bien venu, *in nomine Domini.* »

« Et à la fin de cette proposition, le roy, qui estoit arresté devant nous, dit Foulquart, a ouy le doyen, tenant une très-bonne gravité et maintien, respondit par tels mots : *Grand mercy, Monsieur!* et cogneus lors qu'il a la voix fort grosse pour un si jeune prince, qui n'a encore que quatorze ans, et est fort bel et plaisant à regarder (1). Dieu luy donne bonne vie et longue. Ce sont les propres mots dudit Foulquart. »

Nous renvoyons maintenant, pour les détails des fêtes, au récit de Foulquart, reproduit dans Théodore Godefroy : on y verra que, contrairement à ce qu'ont dit plusieurs historiens, les fêtes du sacre furent très-brillantes, et que, à part l'aspect et les nombreuses traces d'incendie qu'offraient encore certaines parties de la cathédrale, rien ne rappela dans Reims les désastres des années précédentes et ne justifia la crainte que le jeune Charles VIII voulût éterniser dans les murs de la ville du sacre un stigmate odieux (2).

A quelque temps de là, Charles VIII se souvint de l'intérêt

(1) Ceci est peu d'accord avec ce que dit Comines du roi Charles VIII: « Il ne fut jamais que petit homme de corps, et peu entendu ; mais il était si bon qu'il n'est point possible de voir meilleure créature. »

(2) Les mémoires du temps nous ont conservé la note des présents qui furent faits par la ville à l'occasion de ce sacre. Nous y voyons qu'elle offrit à Madame de Beaujeu, sœur du roi, une fine nappe, une douzaine de serviettes, qui coûtèrent vingt-huit écus (le linge était fort estimé en ce temps), un poinçon de vin blanc et deux poinçons de clairette ; à M. d'Orléans, deux poinçons de vin ; à M. le connétable de Bourbon, « qui n'estoit au sacre, » trois poinçons ; à MM. d'Alençon, d'Angoulême, de Beaujeu, de Lorraine, à M. le comte dauphin, à M. de Bresse, à M. le cardinal de Bourbon, de Vendôme, à M. le cardinal d'Angers, à M. Dunois, de Montfort, à M. le chancelier, à M. le maréchal de Gien, le gouverneur de Touraine, chacun deux poinçons... Quelques autres seigneurs, tels que MM. de Saint-Vallier, de Boissy, de Roucy, le bailli de Vermandois et autres ne reçurent qu'un poinçon ; et l'annaliste remarque qu'en cette année, « le vin ne valoit ce qu'il coustoit de son temps, et qu'on l'achetoit dans le pays IIII livres parisis le poinçon. »

que lui avaient inspiré les ruines de la cathédrale de Reims, et, de l'avis de Madame de Beaujeu et de son conseil, il réalisa par un royal octroi les promesses du sacre et les espérances qu'il avait données au chapitre, lorsqu'il n'était encore que dauphin.

Dans sa charte, le jeune prince, après avoir rappelé « qu'en la compagnie de ceux de son sang et seigneurs de son royaume, il a reçu l'onction sainte, à l'exemple de ses prédécesseurs, en l'église de Reims, où fut baptisé, par monseigneur saint Remy, le premier roy chrestien, Clovis de bonne mémoire, expose qu'il a appris et vu de ses propres yeux la grande difformité, ruyne et désolation de ladite église ; qu'il a su que toute la couverture qui étoit en plomb au grand et somptueux édifice, les cloches et clochiers d'icelle ont été ars, brûlés et cousumés, et la muraille et maçonnerie en grande partie, mesmement par en hault, cuicte et moult endommagée.... Que les rentes et revenus de la fabrique de ladite église ne suffisant pas au quart pour l'entretennement des verrières, ornements, livres, calices et autres choses nécessaires au culte, il serait difficile à ladite fabrique de faire réparer et remettre en état ses grands et somptueux édifices; désirant participer aux bienfaits des prières qui se disent en ladite église, il octroye la somme de cinq deniers tournois sur chaque mynot quintal, ou quart de sel à vendre en tous les greniers à sel du royaume, durant huit années consécutives... »

Cette charte, que nous donnons *in extenso* aux *Pièces justificatives*, est datée, au bois de Vincennes, du dernier jour de juin 1484. Charles, en échange de ses bienfaits, ne demande au chapitre qu'une chose, d'avoir part pour lui, son royaume et pour la reine défunte sa mère, aux prières de l'église de Reims.

Il serait difficile aujourd'hui d'estimer, même approximativement, ce que produisit ce royal octroy, et comment la perception s'en fit ; ce qui est constant, c'est que les travaux, interrompus faute d'argent, reprirent activement, et que le chapitre reconnaissant fit apposer les armes royales à plusieurs endroits des parties réédifiées, et notamment à la clôture et au vitrail de la chapelle du Saint-Laict, comme on le verra plus loin. Enfin, la crête ou faitage du grand comble fut à cette occasion décorée d'une frise composée des fleurs-de-lys et des trèfles dorés qui ne disparurent qu'à l'époque de la révolution.

« L'on marchanda le 28 février avec le plombier, pour couvrir la charpenterie de plomb, et pour ses façons fut accordé qu'il auroit 60 livres de chacune ramure, et que l'on mettroit sur le feste du toit des fleurs-de-lys et des trèfles dorés. »

Ici se manifeste un embarras assez grand pour l'historien. D'après Cocquault, les travaux de Collart Lemoyne auraient été refusés; puis le chapitre aurait confié le soin de les refaire à d'autres charpentiers. Cocquault, nous le pensons, n'a pas lu les pièces que nous avons entre les mains; il ne les a connues que par l'étiquette et par la trop courte analyse qui se lit en l'*Inventaire général des titres du chapitre;* comme il a vu dans l'espace de moins de trois ans deux marchés passés pour les travaux de charpenterie, il en a conclu que l'entreprise de Collart Lemoyne avait été désapprouvée, puis confiée à d'autres plus habiles. « Il faut croire, dit-il, que le premier marché que l'on fit avec le charpentier nommé Lemoyne, touchant le restablissement de la couverture de l'église de Reims, ne fut effectué, pour n'avoir bien travaillé ou aultrement; car, en cette année, Jehan Arnault et Pierre Delaforest convinrent de prix de fortifier la charpenterie ci-devant faite par ledit Lemoyne et la remettre *à l'égal de celle qu'ils avoient faite,* moyennant trois cents livres; comme semblablement le marché de la plomberie fut cassé et de nouveau marchandé à Jehan Rogier, demeurant à Reims, pour faire toute la couverture de plomb, tant devant le clochier qui se devoit faire, qu'aux croisées et derrière le chœur de l'église, moyennant trente livres pour façon de la ramure et y mettre des fleurs-de-lys et des trèfles, comme celles qui estoient commencées, les dorer, y faire les fenestres et gargouilles. »

Le nouveau devis présenté au chapitre par Jehan Regnault, Pierre Delaforest et autres charpentiers, le 14 octobre 1485, devis dont l'on trouvera un extrait aux *Pièces justificatives,* ne prouve pas absolument que les travaux de Collart Lemoyne aient été mal exécutés, comme le pense Cocquault et, après lui, M. Tarbé. Je suis seulement porté à croire qu'ils étaient incomplets, et que c'est leur complément qui fut mis deux ans après en adjudication. — A cette occasion eut lieu ce qu'on peut appeler un véritable concours, revêtu de toutes les formalités qui assurent une bonne et loyale exécution. En effet, au devis accompagné de *trais et patrons* (qui sont malheureusement perdus) se trouve joint cet avis donné par le chapitre en consultation : « Nous Jehan Bretel et Henry Doucelet, charpentiers, avons veu et visité les devises, trais et patrons qui ont esté fais pour une partie du comble de charpenterie qui est à faire dessus l'église de Nre-Dame Reims, et veu et visité lesdits devises et patrons par le conseil et advis d'autres ouvriers seufisant, nous sommes arestés dessus icelle devise, ensemble les patrons, conserpant à ladite devise; sans vouloir blasmer les autres devises qui ont esté fais pour ladite église, dont il y en a une, laquelle est belle et bonne et seufisent, et n'est pas de si grant frais, comme est celle de ceste devise-icy, laquelle devise a esté baillée par Person Goudebaut, Girard Amen, Henry Regnault et Jehan Beaucorp. Et ainsi a esté nostre rapport, tesmoing nos saings manuels, cy-mis le XXVIIIe jour du moys d'octobre l'an mil IIII^c^ IIII^xx^ et cinq. — *Signé* H. DOULCET. — J. BRETEL. »

Il résulte bien évidemment de cet avis que plusieurs projets furent concurremment présentés pour continuer l'œuvre de Collart Lemoyne, mais le seul devis de Pierre Delaforest, se trouvant dans les titres du chapitre, indique suffisamment que ce fut celui-ci qu'adoptèrent messieurs les chanoines. Les travaux reprirent donc avec activité, et, grâce aux offrandes des fidèles, aux revenus de l'église et aux nouveaux secours que le roi Charles VIII octroya l'an 1488 (Voir aux *Pièces justif.*), ils purent marcher rapidement. Procès-verbal de leur réception fut dressé le 8 ..... 1492, en présence des clercs-notaires royaux demeurant à Reims. Ce procès-verbal est précieux et donne de curieux renseignements pour l'histoire de cette reconstruction. Nous y voyons le nom des maîtres ouvriers de chaque profession employés à l'œuvre de restauration ; les travaux qu'ils exécutèrent, les sommes qui leur furent allouées et jusqu'aux salaires des charretiers, des hommes de peine et des journaliers, tout y est.

Les comparants commencent par affirmer sous la foi du serment qu'au temps de l'horrible incendie de l'an 1481, eux avec tout le peuple, tant laïques que gens d'église firent tous leurs efforts pour arrêter ses progrès ; que ce nonobstant, onze cloches furent fondues avec la couverture de plomb ; que les murs soutenant la couverture furent ruinés, — et que le dommage fut estimé à plus de cent mille livres parisis.

Puis ils établissent que par suite des travaux exécutés par eux susnommés, chacun pour la part qui le concerne, « toute la nef jusqu'à la croisée et le chevet et le clocher au bout d'icelui chevet sont aujourd'hui réédifiés, faicts et parfaicts, tant en charpenterie, maçonnerie que recouverte de plomb; et ce en plus grande magnificence qu'auparavant. Que les onze nouvelles cloches, quatre grosses, cinq moyennes et petites, ont été montées aux tours d'icelle église (les clochers de la croisée n'ayant point encore été réédifiés). Qu'il a été fait pour pendre certaines des cloches, à l'une desdites tours, un béfroy tout neuf. Qu'il reste à terminer la croisée, aux deux extrémités de laquelle était avant le feu un petit clocher, sans compter le grand clocher qui sera au milieu de ladite croisée entre le chœur et la nef.

» Attestant en outre que la dépense totale des travaux faits par les charpentiers jusqu'à ce jour, compris les chariages, salaires, peines et vacations des ouvriers, peut monter à la somme de douze mille livres tournois, non compris le faux toit de charpenterie qu'il a fallu faire aussitôt l'incendie pour garantir les voûtes de l'église : lequel a pu monter à la somme de douze cent quatre-vingt-six livres et mieux. »

Ce qui est relatif à l'orgue est curieux à noter : on peut y trouver la rectification de quelques erreurs accréditées au sujet de la provenance du jeu et de l'exécution de son remarquable buffet. On a dit qu'il avait été monté l'an 1469, sous Jean Juvénal des Ursins : quelques-uns ont écrit que cet instrument, *fort sonore*, avait été construit en 1247, sous Ivel de Mayence ; d'autres enfin n'hésitent point à reconnaître dans ce jeu remarquable celui que donna à son église l'illustre Gerbert. Nous sommes en mesure avec notre procès-verbal du 8 août 1492 de rétablir la vérité.

« Les maîtres des ouvrages susnommés déclarent qu'en ladite

église ont été construites, édifiées et faites de grandes orgues très-magnifiques, dont les tuyaux sont tous de fin étain : pour lesquelles les sieurs Warmet et Razebois, fondeurs, ont employé 14,500 livres d'étain, valant seize livres tournois le cent, ce qui fait pour le tout deux mille trois cent vingt livres. — Disent en outre les sieurs Leroy, Navarre et Noblet, maîtres maçons, que les frais des parpants de l'échafaud (le buffet), sur quoi sont assises lesdites orgues et la chambre des soufflets, s'élèvent à la somme de trois cent cinq livres. — Quant aux menuisiers Regnault et Jehan de Hery, ils attestent que la charpenterie et la menuiserie dudit échaffaud, la chambre à soufflets couverte d'ardoises, qui est dehors (1), les courtines de toile couvrant lesdites orgues, les peintures et les armoiries qui décorent ledit échaffaud valent à juste prix la somme de sept cents livres. »

M. Tarbé, qui, dans sa *Notre-Dame de Reims*, fait honneur à Jean Juvénal des Ursins de l'orgue et du buffet, a reconnu sur la galerie qui porte ce buffet, l'écusson de la famille des Ursins. C'est ce que prétendent MM. Gilbert, Géruzez, Povillon et autres. Pour tout dire, nous avons cherché cet écusson, et nous n'avons trouvé que celui du chapitre; cependant, nous sommes loin de nier le fait. Une tradition à peu près constante équivaut à nos yeux à une démonstration. D'ailleurs, le joli dessin que nous a donné vers 1580 Jacques Cellier, de l'orgue de 1492, porte avec les armes royales de Charles VIII, celles du chapitre et de plusieurs autres personnages, parmi lesquelles, avec un peu de bonne volonté, l'on peut reconnaître le blason de MM. des Ursins. Cela prouverait-il que cette partie du buffet aurait été épargnée par le feu? C'est peu probable, au milieu de la conflagration générale et de la fusion absolue des tuyaux. A nos yeux, il est plus vraisemblable que si ces armoiries existent ou ont existé, ce sont les menuisiers Regnault et Jehan de Hery qui les auront sculptées, pour perpétuer le souvenir des bienfaits antérieurs de la maison des Ursins.

(1) Dans l'origine, on avait suspendu en dehors, du côté de la façade septentrionale, une chambrette faisant saillie, couverte en ardoises; elle renfermait les soufflets de l'instrument. Plus tard, on parvint à les dissimuler, sans déshonorer le beau portail du nord. (Prosper TARBÉ.)

On sait, d'après le récit de Foulquart, dont nous avons donné un extrait (p. 37), que la chapelle du Saint-Laict n'avait point été détruite par l'incendie, puisque le dimanche 29 juillet, c'est-à-dire huit jours après ce sinistre, à la rentrée de la procession, où furent solennellement portées toutes les châsses de l'église, on y put célébrer la grand'messe. Toutefois, il faut qu'elle ait été notablement endommagée, puisque partie des libéralités de Charles VIII fut employée à sa restauration. C'est à cette époque que furent refaites ses verrières et sa clôture, en *somptueux ouvrages de pierre*, où se voyaient les armes royales. L'analyste Cocquault rend un compte assez précis de ces travaux : « L'église de Reims, écrit-il, encore qu'elle eût été affligée par le bruslement qui y avoit arrivé, si est que en la restauration d'icelle fit paroître le grand zèle qu'elle portoit à l'honneur de Dieu et de la Vierge : car, le 19 novembre 1487, l'on marchanda à faire le tour et la clôture de la chapelle du Saint-Laict de pierres de taille, enrichies de plusieurs images, moyennant la somme de deux cents livres t. Et furent pris les deniers, partie des deniers de l'octroy donné par le roy, et d'autres deniers de l'église. A cette raison, furent mises les armes du roy Charles huitième sur la principale entrée de la chapelle, ainsi qu'il les portoit lors, savoir : trois fleurs-de-lys avec cerfs-volants et timbre ouvert par deux anges. Et depuis, a été enrichie d'or et d'azur en si grande quantité, que c'est l'une des plus riches chapelles qui se puisse voir en France. »

Le jubé, commencé quelque cinquante ans auparavant par Collart de Givry, n'avait point été terminé ; du moins, les ouvriers comparaissant audit procès-verbal, attestent encore : « que le parachèvement du pulpitre de ladite église du côté dextre, tant en pierres que salaires d'ouvriers, a bien coûté mille livres parisis. »

En résumant les divers articles dont se compose ce procès-verbal, nous trouvons, pour l'ensemble des travaux exécutés au 8 août 1492, un chiffre total de quarante-et-un mille trente-six livres tournois ; somme importante déjà pour le temps ! et pourtant le désastre n'était pas entièrement réparé ; les extrémités extérieures du transept n'étaient pas commencées, et les cinq clochers qui surmontaient les tourelles et le centre de la croisée restaient, et sont encore à faire.

Est-ce le temps, est-ce l'argent qui a manqué ? question oiseuse, car elle est insoluble aujourd'hui. Nous croyons que le défaut d'argent a quelquefois suspendu, mais rarement arrêté les travaux d'art chrétien au moyen-âge; car malgré le mouvement intellectuel qui s'opère dès cette époque, nous ne voyons pas que le zèle des fidèles se refroidisse en aucune façon. On trouvera dans l'inventaire dont nous faisons suivre ces recherches plus d'une pieuse et volontaire concession venant en aide à la fabrique de l'église, et l'on pourra s'assurer que, sans recourir aux actes tyranniques que certains archéologues improvisés supposent avoir été les moyens d'action de cette époque, le chapitre put arriver en peu d'années à rendre à Notre-Dame de Reims sa splendeur primitive. La restauration du saint édifice était dans les vœux de tous, et c'est étrangement méconnaître l'esprit du temps, que de s'imaginer qu'il fut besoin, pour la hâter, d'imposer forcément la population, et de la contraindre à l'œuvre par menaces ou voies de fait. Jamais le sentiment de liberté n'a été plus profondément empreint dans l'esprit du peuple qu'au moyen-âge, et pour ce qui regarde la construction des hardis monuments que cette époque nous a légués, quelle que pût être l'œuvre à entreprendre, il y avait toujours entre le maître et l'ouvrier contrat synallagmatique: travail d'une part et salaire de l'autre. Les violences, la contrainte n'ont jamais été que des faits exceptionnels et d'usurpation, et les rencontrer çà et là dans l'histoire, ce n'est pas établir la règle, c'est signaler une exception. — On allègue la corvée! Nous répondrons que la corvée, telle qu'elle était pratiquée au moyen-âge, n'avait pas l'odieux qu'on a dit. Acquise par des concessions, consacrée par des traités passés entre les parties, c'était un droit de propriété tout-à-fait légal, et qui s'exerçait dans des limites dont l'esprit de parti a trop complaisamment exagéré l'étendue. Dans tous les cas, pour avoir l'intelligence de son institution, ce n'est point dans les historiens révolutionnaires qu'il faut l'aller étudier.

Nous avons un exemple de ce que nous avançons dans un autre fait de l'histoire rémoise du xve siècle. Sur le soupçon d'une ligue entre le roi d'Angleterre et les ducs de Bourgogne et de Bretagne, Louis XI avait dépêché à Reims, pour relever les fortifications en ruines, un homme dont le nom est resté funeste dans la cité. Raoul, dit Raulin Cochinart, reçut ordre et *pouvoir de contraindre toutes manières de gens, exempts ou non exempts, privilégiés ou non privilégiés d'y besogner ou faire besogner en toute diligence.* Cochinart n'était pas d'une trempe à modifier ce que cette mission avait de rigoureux : il sut l'accomplir aussi bien et mieux peut-être que ne l'entendait Louis XI. Le jour de la réaction arriva. Louis XI mort, procès criminel fut intenté au Lieutenant royal pour cause d'abus de pouvoir, et comme ayant contraint et fait besogner aux fortifications les gens, bourgeois et manans de la ville, et ce sans répit ni rétribution. Remarquez bien qu'il s'agissait ici *de travaux d'utilité publique*, comme nous disons aujourd'hui. Raulin succomba sous le poids des haines qu'il avait soulevées, son nom resta en exécration dans le peuple, et long-temps après sa mort, appeler quelqu'un *Cochinard*, c'était lui faire une injure sanglante et qui exigeait solennelle réparation (1).

Revenons à notre sujet. Le secret des constructions gigantesques était dans le sentiment religieux qui animait les populations. Grands et petits, riches et pauvres, chacun y contribuait volontairement et dans la mesure de ses moyens. Ce n'était point le Chapitre, mais Notre-Dame elle-même qui faisait appel à la piété des peuples ; les ressources épuisées, l'Archevêque écrivait à ses suffragants qu'ils voulussent bien permettre dans leurs diocèses des quêtes au profit de l'œuvre. Puis enfin, comme suprême moyen, de la chaire de St-Pierre partaient ces pardons et ces indulgences dont l'église avait trouvé la lettre écrite dans la Bible, mais que le fougueux moine saxon n'avait pas encore frappé d'un insultant stigmate.

Pour recueillir les libres tributs des populations lointaines, des religieux, porteurs de bulles apostoliques parcouraient les villes et les campagnes, réunissant autour d'un char sur lequel reposaient de saintes reliques, les populations nombreuses qu'ils exhortaient dans de brèves allocutions à contribuer par leurs aumônes à l'achèvement de l'œuvre. Certes, comme l'a dit ailleurs un de nos amis, si jamais impôt fut libre et librement acquitté, c'est bien évidemment celui que payaient de la sorte des peuples cédant à l'énergie spontanée de leur plus intimes

(1) Un citoyen dans un démêlé particulier ayant été appelé par un autre *mauvais fol*, *cornard*, *coquard* et *cochinardeau*, en porta plainte aux juges ; se tenant, dit Foulquart, plus offensé de ce mot *Cochinardeau*, que du reste. »

convictions : et nous nous permettrons de croire que ces libres aumônes, fruit des croyances sincères d'une époque profondément religieuse, peuvent soutenir la comparaison avec les souscriptions plus ou moins volontaires de notre siècle (à l'exception des entreprises industrielles qui ont l'intérêt matériel pour mobile), dont les prétentieuses cotisations n'ont encore rien créé que d'éphémère, comme l'opinion qui les produit, et ne sont souvent que de mesquines taquineries politiques, ou de parcimonieuses vanités philanthropiques.

VIII

Etat des esprits à la fin du XVe siècle. — Un mot sur Guillaume Coquillart. — Du Chanoine Hugues Cadi, de ses libéralités, des travaux exécutés à ses frais en l'église de Reims, et du beau dessin de l'autel du Saint-Laict.

Si l'on voulait bien chercher dans l'histoire des grandes villes de France à la fin du xve siècle, on pourrait y trouver, comme dans l'histoire générale du pays, des signes précurseurs des orages politiques et religieux qui éclatèrent dans le monde chrétien au siècle suivant. Il ne faut point douter que les mœurs publiques ne fussent dès cette époque infiniment relâchées, et l'on n'est point obligé comme on le croit communément d'aller puiser en Italie, avec les troupes que l'aventureux Charles VIII y conduisit, l'impatience du joug, le mépris de l'autorité et cette licence effrénée du franc-parler qui caractérise certaines productions littéraires de l'époque.

Toutefois, on le reconnait aussi, dès qu'on examine un peu sérieusement la question, l'esprit narquois du poète, de l'artiste et de l'étudiant bat en brèche les habitudes sociales, bien plus que l'autorité politique. Il n'y a encore ni tribune ni presse ; mais l'insubordination est partout ; dans la bourgeoisie, chez les clercs, à la Sorbonne comme à l'Université. Ce n'est point par des écrits hostiles au trône ou à la religion, qu'elle se formule, mais par une invective consécutive contre la tyrannie des usages. Il y avait bien dans les esprits une propension au Gallicanisme : mais le fond du culte et de la tradition nul ne songe à l'attaquer. Ce qu'il faut renouveller c'est le genre de vie qu'a créé la féodalité, désormais frappée de stérilité. La bourgeoisie, que la royauté fait sortir victorieuse de ses luttes contre les grands, veut seule achever son triomphe et s'affranchir des dernières entraves d'un régime condamné. Elle a conquis son rang social, il lui faut sa part aux jouissances mondaines. Il lui faut des meubles et des vêtements plus distingués, des assemblées plus fréquentes, des fêtes plus animées, des festins plus gais. Les hommes sont plus en entier au plaisir à la bonne chère. Les femmes plus coquettes, laissent toute pruderie ; et la licence du langage s'infiltre dans les mœurs.

Bien des productions littéraires de cette époque sont empreintes de cet esprit qui signale l'émancipation de la bourgeoisie : nul poète n'a peut-être mieux caractérisé l'époque que le narquois chanoine Guillaume Coquillart, dont les écrits ont été moins lus que loués. Dans ces rimes qu'à tort on croit fort licencieuses, on voit l'étonnement que cause à un homme de robe ce mouvement imprévu des esprits et des mœurs. Le bon Coquillart, qui peut-être bien n'était pas encore chanoine, signale dans la famille un relâchement inouï, une tendance à des voluptés illicites, un raffinement jusqu'alors inconnu aux bourgeois ; le babil des femmes, le caquet des jeunes gens, les duperies des maris, les ruses des amants, les scandales de tout genre : et ces licences qui, il le reconnaît, n'excluent pas les pratiques religieuses, composent ce que le poète champenois appelle les *Droits nouveaux*. Il y a là, on ne peut le nier, une peinture de mœurs étranges dont le moyen âge n'avait certes point fourni l'exemple :

> Le vieil droit a voulu toucher
> Et décider aucunement
> Que femme devoit endurer
> De son mari tout, — Doucement !

Le droit nouveau dit autrement :
Pour un mot que le mari dit
Femme peut tout incontinent
Luy en répondre sept ou huit.
Et s'il advient qu'il y ait bruit
Pour un seul coup, le droit exhorte
Que femme en rende par despit,
Cinq ou six, d'une même sorte.
Aucuns dient, pour toute essoine (souci)
Quelle doit assaillir la porte
De l'hostel de quelque chanoine,
De quelqu'abbé, prieur ou moyne
Ce luy sera seure retraite
Pour faire léans sa neufvaine,
Tant que la paix sera refaite...
Ce cas se praticque aujourd'hui
Je ne dis pas qu'on fasse bien,
Mais vela !...

Qu'on cesse de s'y méprendre, Coquillart n'était point un incrédule, un voluptueux à la mode du siècle, ainsi que Marot et les critiques modernes ont cru le reconnaître, c'était un théologien rigoureux, un savant nourri de la lecture des anciens, fort occupé des devoirs de son état, cultivant les muses, et s'étant fait un agréable passe-temps de la poésie dont il use pour peindre les ridicules du jour, et provoquer la réforme des mœurs. Seulement, en homme qui connaît son monde, il prend, quoi que docteur en théologie, le ton léger, les manières dégagées de la belle société :

J'ai vétu ma chappe d'honneur
Mon chaperon fourré, pour lire,
Mon pupitre, pour plus haut luire,
Et mon bonnet rond de docteur,
Ma grand'lanterne de liseur. .

Et c'est dans cet accoutrement, grotesque pour le rôle qu'il se donne, qu'il fait le tableau satirique des mœurs nouvelles. On lui reproche la licence de son langage, la crudité de certains mots qui blessent la pruderie de notre temps, mais on oublie qu'à la fin du xve siècle, tous ces mots, mal séants aujourd'hui, avaient encore droit de bourgeoisie dans le beau monde et que cette prétendue délicatesse qui consiste à refuser aux objets leur véritable nom pour leur imposer un synonyme moins vulgaire

était tout à fait inconnu. Certaines dénominations anciennes d
nos rues, les chartes et les ouvrages du temps témoignen
assez que ces expressions dont le goût se plaint aujourd'hu
n'avaient rien de choquant pour personne, à l'époque où Guillaum
Coquillard les employait.

Toutefois cette licence de mœurs que la verve railleuse d
poète met à nu, s'alliait à des pratiques de dévotion que notr
poète signale complaisamment. C'est que le sentiment religieu
était loin d'être éteint dans les masses. Le Trésor des chartres de
Notre-Dame contient une foule de documents qui constatent la
libérale piété des contemporains. C'est encore l'époque des
grands artistes qui consacrent leur génie à la décoration du saint
lieu. Colard de Givry n'est plus, mais il reste dans le pays de
Reims des hommes, héritiers de son talent et des saintes traditions.
L'Église et l'Art marchent encore simultanément, en plein accord
dans les voies du catholicisme.

Au temps du chanoine Coquillard et des archevêques J. Juvénal des Ursins, Pierre de Laval, Robert et Guil. Briconnet, vivait à Reims Hugues-Raoul, dit Cadi, natif de Vienne-le-Château, chanoine et pénitencier de l'Église de Reims. A cette époque, le pèlerinage de la Terre-sainte, souvenir des Croisades, était encore dans les mœurs et les vœux des fidèles. Ceux que leur peu de fortune ou leur condition retenait enchaînés au foyer domestique se contentaient du pèlerinage fictif à travers les voies tortueuses du *Dédale* ou chemin de Jérusalem, qui figurait au bas de la grande nef de Notre-Dame. (Nous parlerons ailleurs de ce monument). Hugues-Raoul plein d'une foi sincère résolut d'effectuer en réalité le saint pèlerinage; à l'issue de la procession des rameaux de l'année 1492, on le vit la palme bénie à la main, revêtu de l'humble costume du pèlerin, et sans autres préparatifs, quitter ses amis, ses parents, son église et se mettre en marche pour la Terre-sainte.

Hugues-Raoul ne borna point là son zèle et ses libéralités. Les travaux de réédification de la Chapelle du Saint-Laict étaient restés inachevés, faute de fonds. La table d'autel, accompagnée d'un contretable en pierre si curieusement ciselé en style du temps, manquait encore des images ou statues qui devaient décorer les pilastres de l'encorbellement sous lequel trônait la belle image de la Vierge et de l'Enfant Jésus. Le clocheton qui surmonte, dans le dessin, le dais de pierre était tout entier à édifier. Hugues-Raoul fit exécuter à ses frais tous ces travaux ; en s'écartant quelque peu, toutefois, quant au sujet des images, du dessin de 1492.

Ce dessin, du maître des ouvrages, nous en avons retrouvé l'original et nous en reproduisons ici le calque fidèle ; c'est un des plus précieux croquis qui nous restent de l'art chrétien du moyen âge. Il porte, comme on le peut voir par notre reproduction, tous les caractères d'authenticité qui manquent aux épures du même genre conservées dans le cabinet des curieux. Il est revêtu de la signature du clerc-notaire chargé de recevoir et d'affirmer les devis et plans des travaux de l'artiste. Nous n'avons pas été assez heureux pour retrouver avec ce dessin le procès-verbal de toutes les dépenses et le détail de la main-d'œuvre, peut-être n'en a-t-il pas existé d'autre que celui du 24 juillet 1481 dont nous parlons au chapitre précédent et que nous publions aux pièces justificatives. On y lit cette mention : « Tous lesquels charpentiers, maçons, couvreurs, ferronniers et fondeurs ont attesté en oultre qu'en icelle églyse, oultre et par-dessus les dictes réparaçions, depuis le don et octroi du Roi nostre sire et à l'honneur de Nostre-Dame, a esté close et réparée en somptueux ouvrages de pierres une chapelle de Nostre-Dame, en laquelle chaque jour le peuple a dévotion a *une image d'or*, en laquelle on dit qu'est enchassé du Sainct-Laict d'icelle glorieuse dame, donné à icelle église par feu Charles V de ce nom, jadis roi de France. En ladicte chapelle sont apposées les armes du Roi nostre sire, bien sculptées, — lesquels édifices et réparations d'icelles, tant en pierres qu'ouvriers et toutes choses comprises, selon que les dits ouvriers l'ont attesté, peuvent monter à la somme de quinze cents livres. »

Ainsi cet autel, nous l'avons là par ce dessin, tel qu'il avait été conçu et en partie reporté *en somptueux ouvrages de pierres*, moins les statues des latéraux et moins les figures qui dominent le sommet du clocheton. Nous reviendrons sur ce joli morceau de sculpture et sur l'ensemble de la chapelle quand nous aurons à en déplorer la destruction. En ce moment nous nous bornerons à mentionner ici les travaux qu'y fit exécuter Hugues Cadi, sur lesquels nous avons un document précis. C'est un autre procès verbal du 7 mars 1516 des travaux d'achèvement de l'autel du Saint-Laict. En voici l'intitulé : « S'ensuyt la despense qui a esté faicte par H. Cadi, chanoine de Reims, pour faire le hault pignon de la table d'autel de la chapelle du Sainct-Laict, en l'église de Reims et pour la façon. »

Par le premier article, Anthoine Bethoncourt et Guillaume Caillet, massons demeurant à Reims, reconnoissent, en présence de notaires, avoir reçu des mains de Me Hugues Cadi la somme de sept-vingt tournois pour leurs peines, salaires et vacations de leurs travaux au pignon du contre-autel de la chapelle du Saint-Laict.

Par le second article, Maître Gerard Bailly, tailleur d'images, demeurant à Reims, reçoit de messire Hugues Cadi, la somme de soixante-douze livres tournois pour les images de Ste-Véronique, de St-Pierre, de St-Paul et de Ste-Anne, qui sont placées dans les niches ou voussures, du rétable. Ce ne sont pas, comme on peut le voir, les quatre personnages qui se voyent au grand dessin que nous publions. Ces figures de notre gravure sont lourdes, incorrectes et sans grand caractère ; ce sont, on le sent, des images de fantaisie que l'auteur du rétable a mises là, en attendant, et que dans son idée, le sculpteur pourra remplacer par d'autres plus appropriées au lieu. Hugues Cadi y pose l'image de Ste-Anne, la pieuse mère de la vierge Marie, puis celle de Véronique, cette autre sainte femme que la foi conduisit au Calvaire et qui, là, reçut du sauveur des hommes un dernier gage d'amour ; Ste-Anne et Ste-Véronique, les deux extrémités par lesquelles le Christ tint à l'humanité. Puis St-Pierre et St-Paul ces deux fermes soutiens de la loi nouvelle ; enfin au sommet, deux anges, l'ange divin et l'ange des ténèbres. St-Michel, le glaive levé terrassant le mauvais esprit.

Ce fut encore le peintre Hugues Baril qui eut la charge d'enluminer ces images, de les étoffer et de les rehausser d'or ; il reçut pour ce travail trente-deux livres tournois.

Si nous entrons dans le détail du compte, nous voyons qu'à l'exécution de ces images ont été emploiez quatre-vingt-seize pieds de pierre valant quatre-vingt livres trois sols. Que la pierre de la Ste-Véronique pesait bien à elle seule *cinq queux de vin, comme disoient les maçons*, pour le charroi de laquelle il fut payé trente, plus cinq sols pour le vin que burent à une taverne les chartons qui la menèrent devant la maison de Me Gérard le tailleur d'images. Que la pierre du pignon ou clocheton qui surmonte le dais fut fournie par le sieur Etienne Rose qui livra 637 pieds de pierre à raison de 8 livres 10 sols tournois le cent. Il est fait compte au dit Gérard Roze de 55 sols tourn. pour un disner fait en son hôtel à la suite du marché fait par le dit Hugues avec Guillaume Caillet et Anth. Béthoncourt, maçon, pour l'érection du haut pignon du St-Laict : auquel dîner estoient messieurs le Chantre, le Trésorier, messire Jacquet Spifame et plusieurs autres au nombre de douze et plus. Et est à noter que les dits Caillet et Béthoncourt payerent la moitié des vins qui furent bus, s'élevant à 37 sols 6 deniers.

On y voit le prix de la chaux, du charroi de la grève, de la craie, le charroi des pierres et des images dégrossies, jusqu'aux pots de vin et dîners payés aux fournisseurs et ouvriers. Duquel compte vérifié par les commissaires de la fabrique, il résulte que pour faire le pignon pour les quatre images et les deux anges, pour fournitures et la façon, comme aussi pour peindre, étoffer et asseoir icelles images, le dit messire Cadi a payé la somme de trois cent dix huit livres, quatre sols tournois, sans compter vingt livres restés à la charge de la fabrique. »

On verra à l'appendice une transaction notarié du 22 septembre 1512 qui témoigne de l'affection que le chanoine Hugues-Raoul Cadi portait à Hugues Baril dit Cadi, ce peintre imagier qui fut employé à la décoration des autels de la transfiguration et du saint Laict. Nous supposons, en raison de la similitude de noms, que cet artiste était parent ou allié du pieux et savant chanoine.

IX

Des libéralités de messire Robert de Lenoncourt, et de sa dévotion à l'autel du Sainct-Laict.

Après Charles VIII et Hugues Cadi, le premier bienfaiteur notable qui se présente, c'est l'archevêque Robert de Lénoncourt.

Nous donnerons ici une courte notice sur ce prélat que l'on confond à Reims si facilement avec cet autre Robert de Lénoncourt, son neveu et son émule par ses belles qualités et par son goût pour les arts.

Robert, celui dont nous avons spécialement ici à nous occuper, fut d'abord abbé de Tournus, de Saint-Remy de Reims, prieur de Saint-Pourçain, puis archevêque de Tours, titre qu'il permuta en 1508 contre celui d'archevêque de Reims qu'il conserva jusqu'à l'époque de sa mort, arrivée le 25 septembre 1532. Comme abbé de Saint-Remi, l'église du monastère lui dut cette magnifique tenture qui fait encore l'admiration des curieux et qu'a reproduite dans son grand ouvrage des *Tapisseries historiques*, M. Achile Jubinal.

Henri, frère de notre archevêque, avait eu pour fils un autre Robert, non moins illustre que son oncle, auquel celui-ci facilita le chemin des honneurs. Evêque et comte de Chaalons, puis après la mort de son oncle, en 1532, abbé de Saint-Remi de Reims, ce fut lui, et non point l'archevêque, comme le disent la plupart des historiens du pays, qui éleva le tombeau de Saint-Remy, *un des plus beaux morceaux d'architecture et de sculpture qui soient en France*. Comme sa biographie est peu connue, nous ajouterons pour achever de le distinguer de notre archevêque, que fort en crédit à la cour de François Ier, il fut en 1538 de Gueldres ; que durant cette négociation et à la recommandation du roi de France, il fut créé cardinal ; qu'il se démit alors de son évêché de Châlons en faveur de son neveu dont nous parlerons plus loin, fut pourvu de l'évêché de Metz en 1551. On a remarqué qu'en sa qualité de cardinal, il concourut à l'élection du pape Jules III, en 1550, de Marcel II et de Paul IV en 1555 et à celle de Pie IV en 1559. Il entra dans l'ordre des cardinaux-évêques, opta pour l'évêché de Sabine le 13 mars 1560 et mourut le 2 février 1561, dans son prieuré de La Charité, où il fut inhumé.

Un troisième de Lénoncourt, du nom de Philippe, marqua dans l'église de notre province : il était fils de Lénoncourt, bailly de Vignory et neveu du Cardinal, Abbé de Monstier-en-Der, près de Châlons, de Monstier-St-Jean, près de Langres, de Rebais, près de Meaux et de St-Martin d'Epernay. Il fut aussi prieur de la Charité et parvint à l'évêché de Châlons, sur la démission de son oncle en 1550, passa au siège d'Auxerre en 1556, et fut envoyé en cette qualité par la reine Catherine à Rome, en juillet 1562, pour les affaires du roi ; se démit de cet évêché en 1563, fut fait commandeur du St-Esprit en 1579, nommé cardinal prêtre du titre de St-Onuphre, par le pape Sixte-Quint le 17 décembre 1586, assista aux états de Blois en 1588, retourna à Rome où le même pape le nomma archevêque de Reims. Mais l'état des affaires en France ne lui permit pas de se rendre en son nouveau diocèse et il mourut à Rome le 13 décembre 1591, sans avoir revu la ville qu'avait illustré ses deux oncles. — Cette famille fournit à l'église de France d'autres personnages qui continuèrent la gloire du nom, aussi l'un des panégyristes de cette maison s'exprime-t-il ainsi :

« Les grandeurs mondaines n'éteignirent point dans les seigneurs de Lénoncourt, l'esprit de piété. Des maisons religieuses fondées en divers endroits et des chapelles dans presque toutes leurs terres en seront des monuments éternels...

« Ici brûlent dans le sanctuaire de précieuses lampes, là des vases sacrés servent à nos admirables mystères. Ailleurs, de riches ornements relèvent la majesté de nos religieuses cérémonies et toutes les marques de piété annoncent aux siècles futurs celle de la maison de Lénoncourt. N'oublions pas l'un des cardinaux de ce nom, Robert, archevêque de Reims ! *(même confusion de qualité)*. Ces siècles heureux où les prélats honoraient le plus leur dignité par leur vertu en ont-ils vu un plus respectable ! Jugez de lui par sa charité ! Il se réduisit à la simplicité des plus modestes particuliers, sans train, sans équipage ; il se refusa tout à lui même pour donner tout aux pauvres. Il en fut appelé le père : admirable assemblage de grandeur et de piété ! » — A la confusion de qualité près, qui fait que l'auteur de ces paroles attribue au cardinal ce qui appartient à l'archevêque, ce panégyrique n'est que l'expression d'une opinion longtemps populaire à Reims. La vie du saint prélat est dans Marlot, dans Anquetil : on y peut voir en effet que, au temps où la peste et la famine exerçaient leurs ravages dans la cité qui se dépeuplait sensiblement, Robert de Lénoncourt fit ouvrir ses greniers au peuple, nourrit chaque jour dans son palais trois cents pauvres, et fit à ses débiteurs remise générale de leurs dettes. Il était affable, populaire, charitable, mais d'une générosité qui ne prodiguait pas ses bienfaits à la fainéantise. Lorsque la cessation du commerce rendait inutiles les ouvriers de la manufacture, le prélat les employait à des bâtiments qu'il interrompait et reprenait, selon les besoins du peuple : assurant ainsi à des familles entières une subsistance que sans son secours, elles auraient pu être obligées de chercher dans le crime.

Robert de Lénoncourt n'attendit pas ses derniers moments pour prescrire, par clause testamentaire, quelques nouveaux embellissements à la chapelle du Saint-Laict. Il paraît certain qu'il acheva la partie de la clôture qui donnait sur la nef « où étaient placées des figures très belles, tant en dehors qu'en dedans, avec les armoiries de cet archevêque. » L'autel fut orné de quatre pilliers de cuivre sur lesquels étaient posés un ange tenant en main les instruments de la passion; puis il fit azurer et dorer la voûte par compartiments. « Enfin il en fit exécuter les vitres, qui sont à admirer pour la régularité du dessin et la beauté des peintures. Cet ouvrage pouvait être mis en parallelle avec la miniature. »

« Je trouve, dit Marlot, qu'il fit de grands bien par toutes les églises, et notamment à la cathédrale avec laquelle il eut une parfaite intelligence pendant sa vie. Il fit enrichir la chapelle du Saint-Laict d'or et d'argent, après l'avoir embellie d'une fermeture de pierres ouvragées, où sont des portes de cuivre avec ses armes... Il ordonna aussi que tous les jours à la grande messe, un vicaire, député du chapitre, sortirait de son siège après *Lavabo* pour présenter son offrande au prestre, en disant ces paroles : *Memento animæ defuncti Roberti, quondam Archiepiscopi nostri*, et qu'il serait célébré tous les jours, à son intention, une messe en la chapelle du Saint-Laict où il devait être inhumé; laquelle doit être dite par un chanoine et commencer incontinent après prime et le son de la grosse cloche... Il veut encore que le prestre qui officie le dimanche, en retournant du cloistre avec la procession, aille sur sa tombe suivi des enfants de chœur, jeter de l'eau bénite et réciter un *De profundis* et la collecte. Enfin pour closture de son testament, il ordonna qu'on ferait tous les ans son anniversaire, comme on fait pour les principaux fondateurs, laissant pour toutes ces choses la terre et seigneurie d'Escueil avec le vicomté de Blaignie, toutes les dépendances qu'il avait acquises de ses propres deniers... Il donna encore depuis une métairie sise à Condé-sur-Marne, pour la fondation de l'octave du Saint-Sacrement, que le chapitre accepta l'an 1532.

Ce grand archevêque, ajoute Marlot, ayant thézaurisé pour l'église, assisté les pauvres et tenu le siège archiépiscopal vingt et un ans..., mourut le 25 septembre 1532: laquelle mort fut annoncée le 26 au chapitre, par ses exécuteurs, qui delà en avant ne pensèrent à autre qu'à lui dresser une pompe funèbre de son enterrement avec toute la magnificence requise pour honorer la mémoire d'un si vénérable prélat. — On transporta son corps en l'église de St-Remy, d'où il avoit esté abbé... et le service ayant esté fait dessus le corps par les religieux, il fut rapporté le 14 octobre à l'église-cathédrale, et receu proche les lices du grand portail par le Semainier, pour être placé au milieu du chœur pendant le service solennel qui se fit un mardi, où l'on célébra trois grandes messes au maistre-autel, dont l'une fut chantée par Mgr l'évêque de Nevers, et les deux autres par des abbés. Ce bon prélat avait ordonné par testament que son corps fut inhumé en la chapelle du Saint-Laict qu'il a faict enrichir, et son cœur en l'église de Saint-Remy, partageant ainsy ces chères dépouilles aux églises qu'il affectionnait le plus. Voicy ce qui est écrit sur sa tombe au pied de l'autel du Saint-Laict :

Hic jacet Reverendissimus Dominus Robertus de Lenoncourt, quondam Remensis Archiepiscopus et dux Franciœ, primus Par qui obiit anno Domini MDXXXII, die XV septembris. Orate pro eo.

Robert de Lénoncourt ne fut pas le seul des siens inhumé dans le caveau de la chapelle du Saint-Laict. Nous venons de parler avec assez de détails de Philippe de Lénoncourt Cardinal, nommé par le pape Archevêque de Reims pendant les troubles de la Ligue et après le meurtre du cardinal de Guise, aux États de Blois. Les ligueurs de Reims avaient eu non seulement la prétention de donner à la France un roi de leur main, mais de se choisir pour leur église un archevêque sans le concours du roi ni du Saint-Siège. C'était revenir, suivant eux, aux traditions de la primitive église: Le doyen de la cathédrale, Pierre Frizon abbé de la Valleroy, qui avait joué un grand rôle dans les derniers évènements, prétendait ouvertement à l'archevêché. Peu de temps après la mort du cardinal de Guise, il avait fait connaître ses vues au chapitre, qui du reste semblait avoir plus de dispositions pour François Bruslard, grand archidiacre, frère du chancelier de Sillery et fondateur à Reims du collège des Pères-Jésuites. En ces circonstances, chacun travailla de son côté. Le roi nomma Charles, batard de Bourbon, son frère, qui prit possession dans l'église de Châlons : le Pape choisit le cardinal Philippe de Lénoncourt. Mais il ne paraît pas que cette double élection ait eu plus de succès l'une que l'autre, et il semble au contraire, suivant Anquetil et Marlot, que Philippe ne revint pas en France et qu'il mourut à Rome le 13 décembre 1591, sans avoir fait acte de possession.

Marlot conteste que Philippe de Lénoncourt ait été pourvu de l'archevêché de Reims. Nous serions volontiers de son avis et il paraît même douteux qu'il soit retourné à Rome. Ce qu'il y a de certain c'est qu'il ne mourut pas le 15 septembre 1591, comme le prétend Marlot, car nous avons sous les yeux son testament fait à Blois, au logis de M. le duc d'Espernon, et daté du 18 décembre 1591. Il y prescrit que son corps soit inhumé dans la chapelle du Saint-Laict, de N.-D. de Reims, et n'y prend aucunement la qualité d'Archevêque. En voici les dispositions spéciales :

« Fut présent en sa personne Mgr l'Illustrissime et Révérendissime Philippes de Lénoncourt, cardinal du St-Siège apostolique, au titre de St-Onuphre, lequel étant au lit malade, néanmoin sain d'esprit et d'entendement et en bon sens, propos, advis et mémoire, considérant qu'il n'i a rien de plus certain que la mort...

« Premièrement, recommande à Dieu, le créateur le tout puissant, mon âme...

« Item veult et ordonne que son corps mort soit transporté du lieu où il décèdera en l'église-cathédrale de Reims, où il veult que son corps soit inhumé et enterré près et joignant la sépulture de feu Mgr Robert de Lénoncourt, son grand-oncle, en son vivant archevêque de Reims.

« Item donne et lègue à toujoursmais à l'église-cathédrale dudit Reims, la somme de cent écus d'or sol. de rente constituée à la charge qu'ils seront tenus dire et célébrer par chacun an a toujoursmais en ladite église pour le remède de son âme cinq obits, à savoir quatre au Quatre-temps de l'an, et l'autre, à tel jour qu'il décidera. »

Voici les autres clauses de testament qui concernaient l'église et la ville de Reims :

« Item veult et ordonne qu'il soit donné aux chanoines de ladite église-cathédrale de Reims le jour de son enterrement, en deniers comptant, deux cents soixante-six escus, deux tiers d'escus d'or sol.

« Item veult et ordonne qu'il soit vestu le jour de son enterrement deux cens pauvres, tant hommes que femmes, à scavoir, cinquante de drap blanc ou gris et cent cinquante de drap noir.

« Item veult et ordonne que tous les premiers jours de may, douze pauvres filles du diocèse de Reims soient pourvues en mariage, et que à chacune d'icelles, il soit donné seize escus deux tiers d'escus une fois payés, pourveu qu'elles soient honnêtes filles et de bonne lignée, par l'avis toutefoys de M. l'abbé de Rebetz son nepveu et de deux ou trois habitants honorables de la dite ville de Reims. »

Ce que nous venons de dire de l'archevêque Robert et de son neveu Philippe, démontre surabondamment que comme tous les personnages qui furent inhumés dans Notre-Dame, ils avaient acheté cet honneur, ainsi que l'inviolabilité de leur dernière demeure.

X

Etat et décoration de la chapelle du Saint Laict au XVIIe siècle

A propos de la vacance du siège archiépiscopal de Reims, après la mort du cardinal de Guise, nous avons parlé de François de Bruslart, grand archidiacre qu'un parti puissant dans le clergé portait à la prélature. Cette famille des Bruslart, d'origine champenoise et du pays de Reims, était depuis longtemps attachée à la ville du sacre et notée par son zèle pour le culte catholique. Elle a donné au pays un grand nombre de personnages qui s'illustrèrent par les services qu'ils rendirent à l'Église et à l'État, et de nos jours elle avait encore des représentants directs dans la descendance du glorieux maréchal Gérard, époux du dernier rejeton des Bruslart de Sillery.

Les Bruslart des XVIe et XVIIe siècles étaient d'ardents catholiques. Nous avons dit ailleurs les diatribes violentes des protestants contre les images et les reliques. Il n'y a pas de grossièretés auxquelles ne se livre le chef de la réforme en France, Jean Calvin, dans son *traité des Reliques*, contre le culte des catholiques pour la Sainte Vierge, et les reliques que certaines églises prétendaient posséder de la mère du Christ y sont, comme on l'a vu, l'objet des plus ignobles sarcasmes.

C'est vraisemblablement quelque peu après la publication du *Traité des reliques* de Calvin que Jehan Bruslart, conseiller au Parlement de Paris, offrit à la chapelle du Saint-Laict de Reims un très beau tableau représentant la Vierge nourrice. Au bas de cette gracieuse peinture se lisait un joli rondeau, en forme d'inscription que nous reproduirons ici, en raison de son originalité et malgré sa teinte un peu mondaine :

Veullent ou non les mauldits envieux
Pucelle suis et demourrai pucelle ;
Et si, m'a mis le laict en la mamelle
Le plus beau fils qu'on vit des deux yeux,
Veullent ou non les mauldits envieux !

Le dieu d'amour a bien voulu des cieux
Me venir voir, tant lui ai semblé belle
Veullent ou non les mauldits envieux !

Il est mon fils, mon père et Dieu des Dieux,
Sa mère suis, sa fille et son ancelle ;
Et qui plus est, je suis au monde celle
Que par amour il aima jamais mieux,
Veullent ou non les mauldits envieux !

Au bas de ce rondeau on lisait cette note :

Hæc dudum à Johanne Brulart, Regis in senatu parisiensi Consiliario oblata, temporis longitudine deformata anno ab ejus ad superos transitu 41° Nicolaus Brulart patris memor restauravit, 1560.

Ce Nicolas Bruslart, qui fit restaurer en 1560 ce tableau offert par son père, et qui sans doute a composé ce charmant rondeau, est vraisemblablement le Nicolas Bruslart, abbé de Joyenval en 1556, conseiller, maître des requêtes et maître de la chapelle du Roi, mort en 1597 : L'auteur du *Journal des choses plus remarquables arrivées en France depuis la mort de Henri second, ...* autrement dit *Journal de Bruslart,* ouvrage si utile pour l'histoire du temps et que l'on trouve réimprimé dans les *Mémoires de Condé.*

Le souvenir de ce tableau et son inscription nous ont été conservés dans les notes manuscrites de M. Havé. Le rondeau est précédé de cette note :

« Inscription d'un tableau antique représentant la Sainte Vierge et qui était autrefois attaché dans la chapelle du Saint Laict, en l'église métropolitaine de Reims. »

Nous n'analyserons pas dans ce chapitre toutes les pièces que nous avons retrouvées concernant l'autel du Saint-Laict: nous nous contentons pour beaucoup de les énoncer aux pièces justificatives : mais, nous ne pouvons passer sous silence un autre tableau qui a pu servir de pendant à celui-ci et qui rappelait une guérison miraculeuse opérée en la chapelle du Saint-Laict, en l'année 1633. C'est l'analiste Cocquault qui nous en fournit la curieuse mention que voici :

Ad annum 1633 —(t. 5, p. 255.) Il y eut en l'église de Reims grande dévotion en une chapelle qui s'appelle la chapelle du Saint-Laict, d'aultant qu'il y a une image d'or dans laquelle est enfermée du saint laict de la Vierge, envoyé autrefois par Adrian pape, qui avoit été chanoine et archidiacre de l'église de Reims, et mesme y a fondé des obits. Et de ce sainct Laict il y a bulle de l'envoi dudit pape. Et il y a des personnes qui sont très dévocieuses en ce lieu. Un homme, comme il est à présupposer, ainsi que voirez le tesmoignage, estant tourmenté de la gravelle, y fit ses prières par un temps : lequel fut exaucé et reçut guérison par l'intercession de la Vierge, ainsi que son escript tesmoigna. Et ne voulant estre ingrat envers la Vierge, mais tesmoigner la grâce qu'il avait reçue par son intercession, envers Dieu, en ce lieu de l'église de Reims, luy présenta ce qu'il avoit, estant pauvre, luy offrit sur l'autel de la chapelle, un petit tableau qu'il avoit fait lui mesme, dans lequel il y avoit une feuille de papier collé, ou estoient escrit ces vers composés de luy en actions de grâces. Cela estant rapporté au Chapitre de Reims, il en députa vers les fabriciens pour en faire l'information, mais n'en eumes aultres nouvelles, sinon que l'on avoit trouvé sur l'autel ledit tableau, sans pouvoir savoir qui l'y avoit mis, le personnage se contentant rendre la gloire à la Vierge, sans estre nommé. Voicy les vers qui estoient dans le tableau et que j'ay escrits :

Virginis simul et matris
Lacti
Vero puro divino

Infirmorum certissimæ
Saluti
Afflictorum piissima
Consolatrix
Dei para
Quam in morbo tota vita duraturo
Levamen efficacissimum
Expertus
Clarum posteritati monimentum
Certum amoris testimonium
Actionemque gratiarum
Voti reus!
Vota solvens
Appendit.
En ego qui morbo primum *instante* (?) laborans
Diva, tuæ expertus sum pietatis opem
En ego qui lactis sisto prostatus ad aram
Virgo tui voti votaque solvo reus
Obtenti, minimum, voti nunc respice pignus
Sincerus pateat nun tibi... amor
Morbo calculi inchoantis liberatus sum
anno 1633

Ce qui, ajoute l'annaliste, est certifié estre vrai par conclusion du chapitre du 7 juin de la même année.

XI

Décoration au XVIIIe siècle. — Suppression du titre de l'autel du Saint Laict désormais chapelle de la Vierge.

Il nous faut arriver aux faits du xviiie siècle. Les idées philosophiques issues du protestantisme n'avaient pas attendu Voltaire pour battre en brèche et discréditer la plupart des pieuses croyances du moyen âge. Même avant sa démolition, la chapelle dont nous nous occupons avait perdu son ancien vocable, auquel personne ne croyait plus, pour prendre celui de *Chapelle de la Vierge*.

Cet abandon d'un titre qui si longtemps avait fait l'honneur et la richesse de cette chapelle devait entraîner la prochaine destruction de l'autel, des clôtures et des sculptures symboliques qui rappelaient un culte dont on rougissait.

Nous n'oserions soutenir que l'édifice élevé aux frais du roi Charles VIII et terminé sous la direction du chanoine Hugues Cadi, soit arrivé intact jusqu'au temps de l'abbé Godinot. L'exemple de MM. Dozet, Blanchon, Bachelier avait dû porter ses fruits et nous ne reculerions pas à imputer au chapitre en général, et à MM. les officiers de la fabrique en particulier, les premières démolitions exécutées dans cette chapelle, si nous trouvions quelques traces de leur participation : mais rien ne nous renseigne à cet égard : ce qui est constant c'est que soit que l'on réservât à cette chapelle l'honneur d'une grille plus monumentale, soit que l'on ne fut pas encore d'accord sur la question des démolitions, quand M. Godinot se fut mis en l'esprit de remplacer, à ses frais, par des grilles en fer toutes les gothiques clotures des chapelles du chœur et du sanctuaire, celle du Saint-Laict fut exceptée et laissée aux soins du chapitre. Ceci résulte de la pièce suivante trouvée dans les papiers de M. Godinot.

« Cejourd'hui treize avril 1739, Messieurs les Sénéchaux ont été priés par le Chapitre de remercier M. Godinot, chanoine de l'église de Reims de son zèle et affection pour la décoration de l'église en voulant faire six grilles d'appuy aux chapelles du contour, *à l'exception de celles du Saint Laict*, de l'ancienne congrégation et des apôtres. Le Chapitre en agréant ses dispositions favorables, l'a prié pour assurer la sureté des dites chapelles et contribuer à l'ornement de ladite Eglise, de fermer les entrées dudit contour des grilles convenables en emploïant meme celle de M. Bachelier, en lui donnant les proportions. Pourquoi le chapitre abandonne à M. Godinot la démolition des anciennes fermetures; ce qui a été accepté par moi Godinot pour l'excuter incessamment. *A Reims le jour et an que dessus, ainsi signé :* Godinot, Parchappe-Vinay, Villot, Favart. »

Nous trouvons en outre dans les archives du Chapitre un marché avec devis sous la date du 28 mai 1740, entre Liénard Desfriches, maître serrurier, demeurant à Anisy-le-Chasteau et MM. les Doyen, Sénéchaux, Chantres et Chanoines de l'église de Reims, pour les deux grilles de la chapelle de la Vierge et de St Jean, moyennant prix et somme de 2700 l. Mais quoique ce marché soit fait au nom du Chapitre il n'en est pas moins constant que la dépense en était faite par l'abbé Godinot, ainsi que cela résulte des nombreux reçus que ce dernier se faisait donner des ouvriers et fournisseurs, reçus que nous avons retrouvés réunis.

C'est à l'époque de la plus grande ferveur de M. Godinot, au temps où nous le voyons porter sur tous les points du chœur et du sanctuaire le marteau destructeur, que nous trouvons dans l'annaliste Cocquault la mention des démolitions exécutées en la chapelle de la Vierge, cidevant chapelle du Saint-Laict. Un autre annaliste, assez peu connu à Reims, Henry Moreau, procureur aux Juridictions seigneuriales de la ville de Reims, a pris la peine de noter ces brutales et incroyables dévastations. En voici le récit succinct que nous reproduisons ici, comme moins connu que celui de Cocquault.

« Le 28 février 1741, on a démoli la chapelle de la Vierge, dite du Saint-Laict, de l'église de N.-D. de Reims : cette chapelle avait été construite par l'archevêque Robert de Lenoncourt. Il avait fait azurer et dorer la voûte par compartimens. Il y avait fait aussi poser ses armes : la chapelle du Saint-Laict était fermée d'un mur à jour où étoient placées tout autour des figures tres belles tant en dehors qu'en dedans, avec les armoiries de cet archevêque. *L'autel était orné de quatre piliers de cuivre, sur lesquels étaient posés sur chacun, un ange tenant en main les instruments de la passion* (1). Le fond de l'autel était une vierge en pierre assise, tenant le petit Jésus. La sacristie était à côté. Les portes de cette chapelle étaient de cuivre. Robert de Lenoncourt y est enterré dans un petit caveau qui est construit sous le marchepied de l'autel : sur l'ouverture de ce caveau, est posée une tombe de cuivre, où est gravée l'effigie de cet archevêque, avec toutes les marques de prélature et ses armoiries en 1532. Il était aussi abbé de St Remi. *C'est lui qui a fait achever le tombeau de St Remi que son oncle avait commencé.* »

Nous n'avons pas à relever cette dernière erreur qui a été signalée ailleurs. — Le six mars suivant le même annaliste écrit: « On a posé aujourd'hui la grande grille de la chapelle de la Vierge à Notre Dame. »

Le 25 septembre de la même année M. Godinot fait marché avec Antoine Ramel dit Languedoc, serrurier demeurant à Reims,

(1) Nous avons déjà vu mentionner ces quatre piliers de cuivre dans le courant de l'historique qui précède : était-ce un tabernacle, une ornementation ajoutée au contr'autel que nous connaissons ? ou par hasard l'indice d'un autel à la romaine déjà substitué par Lenoncourt à l'autel de Charles VIII et de Hugues Cadi ? Nous en laissons le doute au lecteur, les instruments graphiques manquant à cet égard.

pour deux grilles de fer à hauteur d'appuy pour la chapelle de la Vierge de ladite église, pareilles à celles qui sont à la chapelle de St Jean, à raison de 46 l. 10 la toise courante, posées en place, à condition de les rendre faites et parfaites dans l'espace de six semaines... Ce qui a été fait dans les termes voulus.

Enfin voici une dernière pièce qui consomme la ruine des travaux d'art exécutés aux frais de Robert de Lenoncourt dans la chapelle du Saint-Laict : nous voulons parler des peintures murales et de cette voûte que le prélat *avait fait azurer et dorer par compartiments,* ainsi que nous l'a dit l'annaliste Henri Moreau :

« Je soussigné François Simon, maître vitrier à Reims, reconnais avoir reçu de Monsr Godinot, chanoine de l'église de Reims, la somme de trente quatre livres ; scavoir : 4 l. pour avoir blanchi le fond et tour de la grande arcade proche la chapelle de la sainte Vierge de la ladite église, et 30 l. pour avoir blanchi la voûte d'au-dessus et les pilliers et devanture de ladite arcade. A Reims le 23 juillet 1742. *Signé :* FRANÇOIS SIMON.

Si les artistes à la solde de M. Godinot n'ont pas gratté et regratté la pierre, avant de la blanchir et de la couvrir du badigeon de l'époque, il serait facile de retrouver les peintures des xve et xvie siècles, et avec un travail bien dirigé l'on pourrait arriver à leur restauration. Nous soumettons cette idée à l'appréciation de MM. les Fabriciens de Notre-Dame.

Dans quelques chapelles, comme dans celles de St Remi, de St Nicolas et autres, il fallut, pour donner aux autels à la romaine l'aspect et les proportions désirables, relever le pavé, poser des marches et changer en l'exhaussant, l'assiette de ces parties de l'édifice. Cette opération eut pour résultat l'enlèvement des pierres tumulaires qui pouvaient s'y trouver, perte irréparable pour les arts et l'histoire, mais du moins qui put bien ne pas entraîner la violation des tombeaux proprement dits. Dans la chapelle du Saint-Laict dont l'autel était surexhaussé plus qu'il ne convenait aux plans des artistes de M. Godinot, il fallut baisser le sol pour mettre le nouvel autel absolument au niveau des autres. Cela donna lieu à une étrange profanation dont le récit, resté secret jusqu'à ce jour, nous a été révélé par le médecin Raussin, dans les papiers duquel nous l'avons trouvé. Le voici, nous le livrons à l'appréciation du lecteur. Il est de la main de M. Raussin, porte le n° 37, et est ainsi conçu :

« *En marge :* 10 juin 1741. — Ouverture du tombeau de Mgr de Lenoncourt, archevêque de Reims.

« Le samedi 10 juin 1741, M. Parchappe de Vinay prévôt de l'église de Reims, accompagné de MM. de Lechelois, Frizon de Beaugerais, De Mailly, Clouet et Carbon, chanoines, de MM. Faciot et Guyot, chapelains, s'étant transporté, fin des vespres, en la chapelle de la Vierge, de la dite église, où repose le corps de Mgr Robert de Lénoncourt archevêque, depuis 1532, dans le sanctuaire, au pied et en face de l'autel, dont la tombe garnie d'une grande plaque de fonte représentant la figure dudit sieur Archevêque couvre le sépulchre et fait la seconde marche du pavé de ce sanctuaire (les portes de l'église fermées), M. le Prévot fit lever par des ouvriers maçons la tombe de ce sépulchre.

Cette tombe étant levée, on vit que ce tombeau était fermé et couvert de grandes pierres de taille, en forme de cilindre. Les ouvriers ayant encore levé ces pierres, le dedans du tombeau parut à découvert. On remarqua que c'est un caveau large d'environ trois pieds et demi sur neuf pieds environ de longueur.

Les murs de ce tombeau sont construits de brocailles et de crayes en forme de voûtes. On y apperçut une grande croix archiépiscopale et un bâton pastoral, sur toute la longueur du cercueil. On les leva, et en les maniant, on reconnut que ce n'étoit que du bois doré, que la dorure en est très usée et que le bois pliait sous les doigts, comme du liège. Le cercueil de plomb est posé sur deux tretteaux de fer. Entre le cercueil et la voûte, on trouva dix huit pouces de hauteur, au moins, ce qui fit juger que l'on pourrait abaisser les murailles de ce caveau de 12 à 14 pouces, en mettant des pierres plates par dessus pour le couvrir.

Cette première expédition faite, M. le Prévot envoya goûter tous les ouvriers, et la grille étant fermée, il fit faire sur le côté du cercueil une ouverture large et longue d'un pied en quarré.

Ce dépôt sacré étant ouvert, personne n'osait y mettre la main. M. Faciot, chapelain plus hardi que les autres, l'y mit le premier. Il tâta et mania partout ce corps respectable. Il commença par le côté où il sentit de la chair : il toucha les deux bras qu'il trouva de même garnis de chair ; il mit la main sur l'estomach qu'il sentit ferme et charnu comme tout le reste du corps ; il compta les doigts des mains croisées sur la poitrine, les pouces étant un peu élevés. Il sentit une grosse bague au quatrième doigt de la main gauche. Enfin il examina le linceul qui parut d'une couleur un peu rougeâtre, mais tout entier, sans être usé ni facile à déchirer.

L'ouvrier qui avait fait l'ouverture au cercueil suivit l'exemple du chapelain. On lui ordonna de passer la main sur tout le corps, et partout où il pourrait. Il le fit et son rapport fut le même que celui de M. Faciot. Il assura qu'il sentait l'estomac ferme et plein de chair. En comptant les doigts, il dit qu'il tenait la bague, quelqu'un lui dit de la tirer ; mais y trouvant de la résistance à cause du linge qui la couvroit, il n'osa l'arracher, crainte de détacher ou d'enlever la main.

Comme il faisoit très sombre dans ce tombeau, M. le Prévot fit allumer un cierge, et s'avança dans le sépulchre ; en descendant il fit tomber un morceau de bois qui était sur le bord avec lequel il tomba presque sur la tombe. Cela ne l'empêcha point de porter librement la main sur cet illustre mort. MM. de l'Echellois, de Beaugerais et Carbon l'imitèrent, et tous déclarèrent qu'ils avaient senti le corps entier, et plein d'une chair un peu molasse.

L'embarras fut de refermer le cercueil avant le retour des maçons. On ordonna à l'ouvrier qui avoit fait l'ouverture d'aller en diligence chercher le fer, le feu et la soudure nécessaires pour reparer au plutôt cette brèche. M. le Prévot et plusieurs de ses consors se retirèrent. Comme il ne convenoit point d'abandonner ce cerceuil ouvert, MM. de Lechellois et de Mailly gardèrent le sépulchre, pendant ce temps et pendant celui que l'ouvrier mit à refermer et à resouder l'ouverture. Les maçons ensuite furent occupés toute la nuit à abaisser ce tombeau et à le recouvrir, après avoir replacé la grande croix et le bâton pastoral sur le cercueil. Le tout fut promptement exécuté et réparé pour le lendemain, de sorte que le peuple ne put appercevoir aucun vestige de l'ouverture qu'on avait faite au tombeau.

Le vendredi suivant, 16 du même mois, M. le Prévot accompagnant des dames dans l'église, pour leur faire voir le trésor, les conduisit dans la chapelle de la Vierge, *où l'on travaille,* et il leur dit en présence des ouvriers que M. de Lénoncourt, archevêque de Reims, enterré dans cette chapelle depuis plus de 200 ans, y avait été trouvé depuis peu en entier, et que son corps étoit plein de chair. Il ajouta que l'on avoit été obligé d'ouvrir le tombeau de ce Prélat, afin de l'abaisser pour faciliter la construction d'un nouvel autel, et qu'il avait profité de cette conjoncture pour faire ouvrir le cercueil de plomb dans lequel il avoit touché et trouvé le corps entier bien garni de chair, et même qu'il avoit fait tourner la bague qui est encore au doigt de ce grand Prélat. »

« D'après cela (ajoute en *Post-Scriptum* le copiste M. Raussin) on doit dire que M. le Prévot étoit un grand imprudent et un grand bavard. »

Et nous sommes de l'avis du copiste.

XII

La chapelle du Saint Laict pendant la Révolution. — Etat actuel.

Après ces actes de vandalisme qui portent si bien le cachet de l'esprit public au XVIIIe siècle, il nous resterait à faire l'histoire des dévastations accomplies dans la chapelle de la sainte Vierge au nom des idées révolutionnaires : mais ce récit appartient à une autre partie de notre travail. Nous nous contenterons de dire que le vandalisme de 1792 ne lui fut pas moins funeste que celui de 1740. Seulement il procéda d'une autre façon. La confiscation, le vol, le brigandage légalement organisés, achevèrent la ruine de l'autel et de la chapelle du St Laict. Puis quand tout fut brisé, pillé, dévasté, d'autres profanations non moins odieuses furent infligées à la sainte chapelle. Sous ces arceaux bénis où naguère reposait l'image vénérée de la mère du Sauveur, une tourbe de niais démagogues fit trôner la Déesse Raison, que personnifiait une impudique créature, signalée dans la ville du sacre par une vie désordonnée et de nombreux certificats de civisme.

Ensuite vinrent les niaises et stupides tentatives des Théophilan tropes, qui après leurs burlesques représentations justement sifflées, laissèrent l'église de Reims aux fourriers des armées républicaines qui convertirent ses chapelles en greniers à foin, en magasin de fourrages, et contribuèrent de cette façon, bien involontairement sans doute, à sauver le glorieux édifice.

Quand des jours moins mauvais permirent aux catholiques le rétablissement du culte, la chapelle de la Vierge se trouvait dans le plus pitoyable délabrement. Le bris des verrières, des dégradations de tout genre l'avaient ébranlée jusques dans ses fondemens. Nous trouvons dans les archives municipales, à la date du 22 thermidor an VIII une pétition des Membres de la Fabrique de N. D. aux citoyens administrateurs de la commune de Reims, tendant à obliger les adjudicataires des démolitions de l'ancien cloître et de l'ancienne sacristie, à préserver les murs de la chapelle de la vierge des dégradations causées par l'infiltration des eaux provenant du séjour des gravas et décombres amoncelés le long des murs de l'Eglise.

Au surplus, à l'appendice qui suit, nous donnons, avec de nombreux documents justificatifs de notre texte, plusieurs pièces plus récentes qui édifieront le lecteur sur les travaux d'embellissements exécutés de nos jours dans cette vénérable chapelle. On y verra comment, après les libéralités de l'abbé Godinot pour opérer en 1742, la transformation, le blanchiement de la voûte et des clôtures du cardinal Robert, MM. les Fabriciens de 1835 jugèrent convenable, non point de rendre les murs et la voûte à leur ancien lustre, mais de les recharger d'un nouveau badigeon, opération ingénieuse sans doute, mais qui devait rendre d'autant plus laborieuse la tâche des généreux artistes qui, dit-on, vont entreprendre la véritable restauration de la Chapelle du Saint-Laict : tâche que nous seconderons de nos vœux et de nos encouragements, et que nous avons précédemment (p. 92) regardée comme possible.

POST-SCRIPTUM

Depuis ces mots écrits, l'œuvre s'est accomplie. MM. Lemaire et Vernacher ont rendue à la vénérée chapelle son ancienne et véritable ornementation. M. l'abbé Cerf, chanoine de N.-D., à qui l'on doit déjà tant de remarquables écrits sur la Cathédrale, a suivi avec prédilection et persistance la marche et les progrès de cette restauration dont il a donné une description ingénieuse dans les journaux de la localité auxquels nous renvoyons les lecteurs.

INSTRUMENTS

ET

PIÈCES JUSTIFICATIVES

1321. *Juillet.* Notice du testament et codicile de Herbert de Bussy, professeur ès loix à Cambray, mort chanoine de Reims, qui fonde une chapelle à l'autel du saint Laict et lègue sa maison sise au Vieux Marché. (*Lay.* 32. *lias.* 74. *n*o 1er.)

1322. *Octobre.* Translation de la messe de l'autel du Saint Laict à l'autel saint Pierre et saint Paul, fondée par Mre Herbert de Bussy.

Voluit unam capellaniam fundari in nrâ Rem. ecclesia ob remedium animæ ipsius, ad altare sancti Lactis, super domo sua quam inhabitabat tempore quo decessit, sita Remis in veteri foro... Noverint universi quod nos post modum accendentes quod dicta missa ad dictum altare Sancti Lactis commode imperpetuum non poterat celebrari, ordinavimus et ordinamus, et ex causa competenti de voluntate et assenssu domini Constancii capellani nostri predicti, ... missam imperpetuum de cetero celebrari ad altare capella beatorum Petri et Pauli apostolorum contigue altari sancti Lactis predicti et de dicto altari sancti Lactis ad altare dicte capelle beatorum Petri et Pauli dictam missam in perpetuum transferimus celebrandam. *(Lay.* 32. *lias.* 74. *n*o 5.*)*

1340. 9 *Janvier.* Charte de Jean de Vienne, archev. de Reims, par laquelle il fonde la messe *De Beata* tous les samedis à l'autel *De la Belle Image* Nostre Dame proche l'entrée du chœur, pourquoi il donne à l'église 10 liv. 8 den. paris. de rente, pour être distribués aux chanoines présens... à prendre sur une maison située à Courlancy, et pour engager les fidèles à assister à lade messe, il accorde quarante jours d'indulgence. *(Lay.* 13. *lias.* 21. *n*o 9.*)*

1400. « Le pape Bénédict octroie indulgences de cent jours à ceux qui assisteront à la première messe qui se dit tous les jours en l'église de Reims, à l'autel du saint Laict, *In aurora*. Les bulles sont au chapitre de la fabrique de Reims... » *(Extrait de Cocquault)*.

1411, 3 *août*. Ordonnance du Chapitre pour la célébration de messes pour M. Jean Vitrier, chanoine, qui a donné à la fabrique des vignes à Trois-Puits, du bien à Pons-Ludon, puis une coupe d'argent doré avec son couvercle, pesant 3 mars 1 once, pour faire un reliquaire pour le chef de saint Maur, martyr... Le tout encore pour le vin qu'il est bon estre employé à l'usage des offices divins de l'église, aux messes du Grand Autel et des autels *du Saint Laict* et *de Rouelle*. (*Lay*. 13. *lias*. 21. nº 18.)

1469, *Fevbrier*. Procès verbal des reliques qui sont dans la chasse de la Vierge et l'attestation de celles portées en Flandres pour la queste. (*Fabr. lias*. 17. *nº* 2.)

1516, 7 *Mars*. S'ensuyt la despence qui a esté faicte par H. Cadi, chanoine de Reims, pour faire le hault pignon de la table d'autel de la chapelle du Sainct Laict, à l'église de Reims, et pour la façon, avec la conclusion du Chapitre. (*Fabriq. liass*. 18. *nº* 12.)

En la présence de nous Odo Legoix, prebtre, et Gérard Mouzon, clerc, notaires de la court de Reims, comparurent en leurs personnes Anthoine Bertancourt et Guillaume Caillet, massons demeur. à Reims. Lesquels ont cognu et confessé avoir et receu par les mains de Mons. Maistre Hugues Cadi, chanoine de Reims, la somme de sept vingt tournois pour le principal marchié et cinquante sols tournois pour aultre ouvraige par eulx faict non contenu audit marchié et ce pour leurs peines, salaires et vacations, pour le contrestable ou pignon contre l'autel de la chapelle du sainct Laict de l'église dudit Reims, de laquelle somme de VII XXX et desd l. s. t. lesd. massons ont quitté et quittent led. Cadi et tous autres. Tesmoing nos seings manuels cy mis l'an mil cinq cens et seize le VIIe jour de mars.

En la présence de nous notaires soubscriptz, comparut personelement Maistre Gerard Bailly, tailleur d'imaiges, demeur. à Reims, lequel recognut avoir eu et receu de vénérable maistre Hugues Cadi, chanoine dud. Reims, pour avoir faict et taillé quatre imaiges estantes en hault pignon de la chapelle du sainct Laict en l'église de Reims, c'est à savoir : de saincte Venice, de sainct Pierre, saint Paul, et de saincte Anne avecques les deux anges, la somme de soixante et douze livres tournois, ès quelles imaiges sont esté mis et emploiez IIII XX seize pieds de pierres qui vallent huitz livres III s. ts. à huitz frans et demy le cent, si come disoit le d. maistre Gerard les avoit employé some tout IIII XX l. III s. ts. Fait le dix neufme jour de mars l'an mil cinq cens et seize.

Item pour avoir contribué à aydier amener la pièce de la saincte Venice, qui pesoit bien cinq queux de vins, come disoit les massons, XXX s. ts.

Sans le vin que beurent les chartons qui l'amenarent, de cinq ss. ts., à une taverne devant la maison du d. Gerard, pour ce cinq ss. ts.

Item pour avoir estoffée et peindre les dessd. quattre ymaiges, cest à sçavoir saincte Venice, sainct Pierre, sainct Paul et saincte Anne, a payé la somme de trente deux l. ts. à Huguet Baril, peintre demeur. à Reims.

Je Huguet Cadi, peintre, confesse avoir receu pour avoir peintes et estoffés les quatre dessusdites ymaiges la somme de XXXII l. ts.

Nous, Jacques Spifame et Ponce Wary, chanoines de l'église de Reims, certifions avoir receu de Estienne Roze, marchant de pierres, en plusieurs fois six cents trente sept pieds de pierre a huitz ls. dix s. ts. le cent, valant LIIII liv. II s. ts. laquelle pierre a esté mise et emploiée au hault pignon de la table d'autel de la chapelle du sainct Laict qu'a faict faire maistre Hugue Cadi, chanoine de la dc église, tesmoings nos seings manuels icy mis le XXme jour de mars l'an V C. seize.

Je Gérard Rose, marchant demeurant à Reims confesse avoir eu et receu le jour sainct Esloy V C. et XIII de vénérable maistre Hugue Cadi, chanoine de Reims, la somme de cinquante cinq sols tournois pour ung disner faict en mon hostel ce d. jour à cause du marchié faict par led. maistre Hugue Cadi avecq. Guillaume Caillet et Anthoine Bethancourt, massons dem. aud. Reims pour faire le hault pignon de la chapelle du sainct Laict en l'église de Reims où sont les ymaiges saincte Vénice, sainct Pierre, sainct Paul et saincte Anne, auquel estoient Messrs le chantre, le trésorier, maistre Jacques Spifame et plusieurs aultres jusques au nombre de douze et plus ; dont lad. somme de LV s. ts. Je quicte led. Cadi et tous autres, tesmoing mon seing manuel cy mis l'an et jour dessusd.

Est à notter que lesd. s. Guillaume et Anthoine marchans dudit marchié paièrent la moitié desd. vins montant à XXVII s. VI ds. ts. *Ideo hic*. XXVII. VI. d. ts.

Item pour dix poinsons de chaulx à IIII ds. parisis le poinson, C ds. ts.

Item pour deux manouvriers qui ont porté la grève et les tierciens de croye devers l'église IIII ds. ts.

La grève, la fabrique la paye. *Ideo Nichil.*

Item, pour faire amener les quatre grandes images depuis la maison du tailleur, l'une parmi l'autre, dix ss. ts.

Pour deux cents tierciens pour ayder à remplir les meures, dix ss. parisis vallant XXII s. VI ds. ts.

Je ne conte pas beaucoup de pots de vin que je baillé aux massons, ne de diner aussi.

Item, plus lad. fabrique a livré XXVI voitures de grève....... pour....... les grosses pierres, le plomb, les eschaffaulx et les cordes, et peut le tout valoir environ XX l. ts.

Somme totalle de la despence de ce présent d. quaterne c'est asavoir : III^c. XXXVIII l. IIII sol. ts.

Lequel quaterne a esté visité par nous Jehan Jeoffrin et Jehan Fafoureau, maistres priseurs de la fabrique de l'église de Reims, commis de par Mss^rs du Chapitre, par lequel appert que pour faire led. pignon pour quatre ymaiges, la Véronique, sainct Pierre, sainct Paul et saincte Anne, pour pierres, crayes, chaulx, journées de manouvriers pour la façon dud. pignon, et desd. quatre ymaiges, et pour peindre, étoffer et asseoir icelles ymaiges, Monsr Cadi a exposé de ses propres deniers la somme de III C. XVIII l. IIII s. ts. Et le reste montant à XX l. ts. a esté payé des deniers d'icelle fabrique.

Visus fuit et examinatus presens quaternus per personnatos provisores ad hoc per capitulum deputatos, quorum... relatione in capitulo facta, Capitulum dictum quaternum per dictos provisores... notarum dicti capituli signari jussit. — Actum in dicto capitulo die Veneris quinta mensis Junii, anno dmi 1516.

Signé : J. DOCTRINELLI, J. JOFFRIN, J. BEGUS.

1516, 28 *Mars.* Donation faite par Mgr Robert de Lenoncourt, archevêque de Reims, à MM. du Chapitre et à sa chère épouse l'église de Reims, de sa terre d'Escueil (de Escolio) avec la vicomté de Blaigny et tous ses droits et appartenances qu'il acquit de ses propres deniers, excepté la vicomté de Sacy. Pour laquelle donation il a fondé en cette église le répons *Gaude Maria*, etc., avec les prières, la veille de l'Annonciation Notre Dame.... Plus Monseign. l'archevêque accorde 40 jours d'indulgences à tous ceux qui auront assisté à ce salut ; plus ordonne que sur les revenus de la dite terre d'Ecueil, il soit présenté tous les jours par un vicaire à ce commis, un sol au pretre célébrant en l'avertissant de se souvenir du fondateur au *Memento ;* et sera donné 20 fr. par an à celui qui aura annoncé ce *Memento :..* Plus fonde une messe tous les jours qui sera célébrée par un chanoine et non par un autre, en la chapelle du saint Laict, en laquelle il veut être inhumé. Laquelle messe sera annoncée par trois fois avec la plus grande cloche, et le dernier coup sera tinté. Plus ordonne que tous les dimanches, lors de la marche de la procession, le semainier avec les enfants de chœur et l'eau bénite, aille à la chapelle du saint Laict sur sa tombe dire un *De*

Profundis. Enfin, il ordonne que tous les ans il sera célébré en cette église un obit solennel comme pour les archevêques ses prédécesseurs qui en ont fondé..... (*Lay.* 14. *liass.* 22, *n°* 5).

1516, 31 *Mars.* Acceptation par MM. du Chapitre de la fondation faite par Monseig. Robert de Lenoncourt, et pour laquelle il a donné au Chapitre les seigneuries d'Ecueil, Chamery, etc.

1517, 19 *Mars.* Acceptation par MM. du Chapitre de la fondation faite par Mre Nicolas de Villers, chanoine de l'antienne *Ave cujus conceptio* avec les versets, oraison et le psaume *De Profundis* et trois oraisons pour être chantées par les enfants de chœur de cette église en la chapelle du saint Laict, aussitôt après les matines de chacune des cinq principales fêtes de la Vierge. Plus une grande messe de *Requiem* à diacre et à sous-diacre, à célébrer par le maître des enfants de chœur s'il est prêtre, ou autre à ce commis par le Chapitre, avec quelques-uns des vicaires, et lesdits enfants de chœur, à condition de leur donner chaque jour de fête de Vierge, une distribution manuelle de cinq sols, pour leur récréation, et le maître et assistant chacun une rétribution : pour laquelle fondation le sr Villers a donné une cense à Marfaux (*Lay.* 14. *Lias.* 22, *n°* 6.)

1532, 27 *Mars.* Acceptation par le chapitre de la fondation faite par Monseigr. Robert de Lenoncourt, archevêque de Reims de la procession de l'octave du Saint-Sacrement, avec distribution aux présens, et donation à la fabrique, de la cense de Condé-sur-Marne. (Avec le sceau rouge et lacet vert.) (*Lay* 14. *Lias.* 22, *n°* 16.)

1553, 21 *Mars.* Fondation par Mgr le cardinal de Lorraine, archevêque, de la procession du saint jour de Pasques, avec distribution de cierges et d'argent aux présens, et don de 200 fr., sur la terre de Marchais et Liesse. (*Layette* 14. *Liasse* 22, *n°* 22.)

1557, 30 *août.* Mémoire de ce qui a esté traicté par Mess. les commis du chapitre sur le règlement de la fabrique de l'église de Ne De de Reims, spécialement des provisions de vins qui se feront par l'officier d'icelle et.., la forme de les distribuer.

Voici les deux premiers articles de ce règlement : Pour le vin qui convient donner et distribuer par jour pour les messes qui se disent en l'église de Reims,.. Et est trouvé que le clerc du Saint Laict et les sonneurs de ladite église prennent environ une chopine de vin chn. tant pour la messe du jour au matin que la grande messe, et vault par an IIII XX XI pots et une p... (*Fabr. Liass.* 17, *n°* 6.)

1560. Inscription d'un tableau antique représentant la Sainte Vierge et qui était autrefois attaché dans la chapelle du Saint Laict, en l'église métropolitaine de Reims. (*Extr. des mss. Havé.*)

1586, 19 *Août.* Délivrance des legs de M. Denis Broche pour la fondation d'un salut le jour de l'Assomption, transféré à la Nativité de N. De.

En icelle fondation se lit : Ledit jour de l'Assomption Notre-Dame, en août, à six heures du soir, attendant sept, feront tinter les deux grosses cloches de ladite église par trois et diverses fois, à long trait et à trois reprises, jusques à sept heures sonnées, que l'on sonnera la clochette des enfants de chœur pour inviter Mess. les chanoines et habituez à s'acheminer à l'église, lesquels assemblés au chœur avec le Noel surplis et aulmuses, seront allumez par les sonneurs les vingt cierges à l'autel préparé par le chapucier et six torches allumées et portées par les semainiers, comme on a accoustumé de faire au salut qui se chante le jour des bonnes Pâques à même heure. Le chanoine de sepmainier revestu chappe portant l'imaige de Nostre Dame du Saint Laict, assisté de quatre enfans de chœur, revestus d'aulbes et dalmatiques tenans quatre chandeliers y aians quatre cierges ardans ; et ce fait les dessusdits chanoines et habitués iront à la nef d'icelle église où seront préparés les bancs et pupitres par lesdits sonneurs là ; où allans Monsr le sou-schantre de ladite église estant à la chaire près l'aigle du chœur, commencera l'antienne : Hæc est regina Virginum... et après l'organiste sonnera sur les grosses orgues l'hymne : O quam glorifica... et les chantres respondront alternativement. En quoy chantant lesdits sieurs et habituez rentreront au chœur... etc. (*Lay.* 15. *Lias.* 23, *n°* 7.)

1591. 18 *Décembre.* Testament reçu par Jamet, notaire à Blois, de Mgr. Philippe de Lenoncourt, cardinal (au logis de Mgr. d'Epernon, situé en la Basse-Court du Chastel de Bloys), par lequel il ordonne que son corps soit apporté à Reims et inhumé auprès de la sépulture de Mgr. Robert de Lenoncourt, archevêque, son grand-oncle. Item lègue à l'église de Reims la somme de 100 écus d'or sol. de rente à la charge de cinq obits. (*Lay.* 15. *Liass.* 23, *n°* 19.)

1633. Récit d'une guérison miraculeuse opérée en la chapelle du Saint-Laict, sur la personne d'un homme atteint de la gravelle, et de l'offre qu'il fit d'un tableau représentant ladite guérison. (*Extr. des mss. Cocquault.*)

1653. Notice sur les reliques qui se trouvent dans la châsse appelée de la Sainte-Vierge, autrement dite *L'image du Sainct-Laict.* (*Fabriq. Renseignements.*)

Du 28 février au mois de mars 1741, on a démoli la chapelle de la vierge dite de St-Laict de l'église N.-D. de Reims : Cette chapelle avait été construite par l'archevêque Robert de Lenoncourt, il avait fait azurer et dorer la voûte par compartimens : il y avait aussi fait poser ses armes. La chapelle du St Laict était fermée d'un mur à jour où étaient placées tout autour des figures très belles tant en dehors qu'en dedans avec les armoiries de cet archevêque : l'autel était orné de quatre pilliers de cuivre sur lesquels étoient posés sur chacun ung ange tenant en main les instrumens de la passion. Au fond de l'autel étoit une vierge assise tenant le petit Jésus. La sacristie était à côté. Les portes de cette chapelle étaient de cuivre. Robert de Lenoncourt y est enterré dans un petit caveau qui est construit sous le marchepied de l'autel. Sur l'ouverture de ce caveau est posée une tombe de cuivre où est gravée l'effigie de cet archevêque avec toutes les marques de prélature et ses armoiries en 1582. Il étoit aussi abbé de St Remy, c'est lui qui a fait achever le tombeau de St Remy que son oncle avait commencé.

Le 6 mars 1741 on a posé la grande grille de la chapelle de la Vierge à Notre-Dame.

Marché entre Ant. Ramel, dit Languedoc, et M. Godinot, pour les grilles de fer à hauteur d'appui à la chapelle de la Vierge, avec le reçu.

Je soussigné Antoine Ramel dit Languedoc, serrurier, demeurant à Reims, chez Jean Leblan, maître serrurier aud. Reims, reconnais avoir fait prix avec M. Godinot, chanoine de l'église de Reims, pour deux grilles de fer à hauteur d'appui *pour la chapelle de la Vierge* de ladite église, pareilles à celles qui sont à la chapelle de St Jean, a raison de quarante-six livres dix sols la toise courante, posées en place, à condition de les rendre faites et parfaites d'aujourd'huy en six semaines, pourquoi je serai payé à fur et mesure que l'ouvrage avancera, et consens que le d. s. Godinot paye le fer avec Marlot, marchand de fer à Reims, auquel je me suis attaché. Fait double à Reims, le 25 septembre 1741. *Signé* ANTOINE RAMEL.

Ensuite : Je soussigné reconnais avoir reçu de Mre Godinot, chanoine, la somme de cent quatre-vingt-deux livres treize sols neuf deniers, payé à M. Marlot, marchand de fer, pour entier paiement de trois toises cinq pieds quatre pouces, qui se sont trouvés aux balustres de fer que j'ay posées aux cotés de la chapelle de la Vierge de l'église N. Dame, à Reims, le 3 décembre 1741. *Signé* ANTOINE RAMEL.

Quittance de Simon François, vitrier, de la so^e de 34 l. pour avoir blanchi l'arcade, les piliers et la devanture de la chapelle de la Vierge.

Je soussigné François Simon, maître vitrier à Reims, reconnais avoir reçu de M. Godinot, chanoine de l'église de Reims, la somme de trente-quatre livres, savoir : 4 l. pour avoir blanchi le fond et tour de la grande arcade proche la chapelle de la ste vierge de la ge église, et 30 l. pour avoir blanchi la voute d'audessus et les pilliers et devanture de la de arcade. — A Reims, le 23 juillet 1742. *Signé* FRANÇOIS SIMON.

« Mgr Robert de Lenoncourt qui a fait embellir, peindre et dorer la chapelle du Saint Laict s'y est fait enterrer devant l'autel sous une tombe de cuivre sur laquelle il est représenté. Il y a fondé une messe à perpétuité tous les jours avec la Richarde fin des matines, il a fait plusieurs autres fondations considérables, et il est mort le 25 septembre 1532.

« Les vitres de cette chapelle sont à admirer pour la régularité du dessin et la beauté des peintures, cet ouvrage pouvant être mis en parallèle avec la miniature. »

Grilles de la chapelle de la Vierge

FAITES EN DEUX FOIS : 1° Le devant, formant entrée, par M. Marchandise de Reims, en octobre 1823 et coûte.......... 1300 fr. »»
dont 400 fr. furent offerts par M. de Remirmont, frère de M. de Bezannes, et quelques demoiselles de piété, et fut dorée le 27 mars 1824 aux frais des mêmes demoiselles.

2° Le côté, par M. Poitou, en mai 1824, pour.......... 350 »»

Il y a aussi dans l'intérieur une balustrade pour la communion, faite en 1835 aussi par M. Poitou, pour.......... 284 »»

Ensemble.......... 1934 fr. »»

(*Inv. sus. p.* 263.)

Du lundi 13 *octobre* 1823. Le Conseil s'est fait présenter le plan et le projet des grilles qui doivent fermer tout le pourtour de la chapelle de la sainte Vierge, près le Trésor. La dépense à laquelle s'élèvera cette entreprise étant de 900 fr., et des personnes de piété s'offrant d'y contribuer volontairement jusqu'à concurrence de 400 fr., le Conseil accepte avec reconnaissance cette offre généreuse et délibère que la grille de clôture, en ce qui formera la balustrade en face de l'autel de la sainte Vierge, peut être dès à présent conditionné, ajournant à un autre temps l'exécution de ladite grille pour la partie latérale qui fermera la chapelle du côté de l'épître. (Fo 39e.)

Du lundi 5 janvier 1824. Le sieur Marchandise, serrurier, entrepreneur de la grille qui doit être placée en face de l'autel de la sainte Vierge, près le trésor, fait prier le Conseil de recevoir ladite grille qu'il a terminée suivant le plan qui lui a été donné. Le Conseil avant de se prononcer sur la réception de ladite grille, nomme le sieur Favreau, serrurier, domicilié à Reims, commissaire à l'effet de l'examiner et de dresser un rapport du résultat de son examen. (Fo 52.)

Du lundi 17 mars 1824. Plusieurs demoiselles de la paroisse qui ont volontairement et généreusement contribué à une partie des frais de l'établissement des grilles qui environnent la chapelle de la T. S. Vierge, offrent de faire dorer à leurs dépens les ornements de ces grilles. Le Conseil déclare accepter cette offre, sous la condition que les ouvrages seront exécutés par les ouvriers que la fabrique est dans l'usage d'employer. (Fo 60.)

Chapelle de la sainte Vierge

Du jeudi 20 mai 1824. Vu l'exposé fait le 3 février 1824 par les sieurs Fidèle-Constant Poitaux-Tendart, me serrurier à Reims, de l'intention où il est de confectionner les deux travées de grille qui doivent former la chapelle de la Très Sainte Vierge, près le trésor de l'église métropolitaine, observe le sieur Poitaux qu'il veut bien se restreindre à une somme de 350 fr., quoique la valeur desdites grilles soit de 400 fr., parce qu'il désire donner en cette circonstance une preuve de son attachement pour les intérêts de la fabrique dont il est l'ouvrier habituel, et contribuer personnellement à la bonne œuvre dont il s'agit.

Le certificat de MM. Regnard-Deligny et Lanson, administrateurs de la fabrique du 15 mai, constatant la fourniture et la pose faite de deux grilles conformément à la soumission qui précède, l'administration de la fabrique de l'église métropolitaine délibère : 1o M. le trésorier est autorisé à payer au sieur Poitaux tant du produit des dons et offrande concernant l'établissement des grilles au pourtour de la chapelle de la sainte Vierge que des deniers de la fabrique une somme de 350 fr. qui sera allouée dans les comptes de sa gestion en rapportant bonne et valable quittance ; 2o La soumission du sieur Poitaux sera placée au nombre des pièces des archives de la fabrique. (Fol. 65.)

Du même jour. Vu : 1o l'extrait du testament reçu Me Marguet, notaire royal à Reims, se 5 mars 1824, de demoiselle Marie-Anne Maugras, décédée en cette ville le 23 du même moys portant legs de 200 fr. à la fabrique de l'église métropolitaine de Reims, pour être ladite somme employée dans l'année du décès de la testatrice, à la décoration de la chapelle de la sainte Vierge érigée dans ladite église ; 2° la déclaration faite les 20 et 23 avril présent mois par demoiselle Henriette Maugras, veuve de M. Nicolas-François Maugras et par le sieur Louis Maugras, de l'intention où ils sont de n'apporter aucun obstacle à la délivrance du legs ; 3o l'acte d'acceptation du legs dont il s'agit par M. Maillefer-Ruinard trésorier de la fabrique, le 23 avril ; 4o l'ordonnance royale du 2 avril 1817. L'administration de ladite fabrique déclare approuver en tant que de besoin l'acceptation faite par son trésorier du legs dont il s'agit, pour la somme en provenant, servir suivant les intentions de la demoiselle Maugras, à la décoration de la chapelle de la sainte Vierge.

Du samedi 26 *juin* 1824. Arrêté de la sous-préfecture de Reims portant autorisation pour l'acceptation dudit legs.

Chapelle de la Vierge. — Nettoyage des murs

Du lundi 9 *août* 1824. Des personnes de piété ayant fait connaître l'intention où elles sont de se charger de faire nettoyer les murs de la chapelle de la Très Sainte Vierge, près le trésor, si la fabrique de son côté veut employer pour cette bonne œuvre une somme de 50 fr. Le Conseil en accédant à la proposition, autorise M. le trésorier de la fabrique à appliquer à ces ouvrages projetés, la somme de 50 fr. qui sera allouée en dépense dans les comptes en justifiant du versement entre les mains de qui de droit.

S. Em. Mgr. Alexandre-Angélique Talleyrand de Périgord, ancien archevêque de Reims, décédé cardinal, prêtre de la sainte église romaine et archevêque de Paris, lequel a légué à la fabrique une somme de 10,000 fr., à la charge d'acquitter les fondations suivantes: une messe solennelle tous les ans pour le repos de son âme, au jour anniversaire de son décès arrivé le 20 octobre 1821.

Du samedi 14 *juin* 1828. Fondation d'une messe solennelle tous les ans, en réparation des outrages à N. S. J. C. dans le Très Saint Sacrement de l'autel.

Une autre messe solennelle, et tous les ans, à la chapelle de la Très Sainte Vierge, en réparation des insultes à la mère de notre divin Sauveur.

Du 28 *avril* 1835. M. le curé de N. D. demande l'autorisation de faire exécuter d'après les plans qui ont été dressés, les travaux jugés nécessaires pour allonger et élargir l'autel dans la chapelle de la Très Sainte Vierge près le trésor, comme aussi de placer un tabernacle sur cet autel, etc.

Le Conseil, non-seulement autorise M. le curé à faire opérer les travaux, mais encore le prie de recevoir ses remerciements, et de faire part des sentiments de gratitude du Conseil aux personnes qui, par modestie, se dérobent à la reconnaissance, et qui en ont agi avec tant de générosité.

Signé : Lespagnol de Bezannes, Lanson, Goulet-Collet, Gros vicaire général, et Bara, curé de N. D.

Du 3 *février* 1837. L'ordonnateur des dépenses est autorisé à délivrer un mandat de 27 fr. sur le crédit des dépenses imprévues pour les frais occasionnés par le bref accordé par sa sainteté le Souverain pontife Grégoire XVI pour l'érection en autel privilégié de celui de la chapelle de la sainte Vierge, dite du Saint Laict. (V° 53.)

Chapelles

Du 13 *mai* 1829. Monseigr. l'évêque de Numidie ayant fait la proposition de délibérer sur les moyens de faire opérer la dépense concernant le blanchiement des chapelles et leur décoration, M. le curé de N. D a fait offre au Conseil de suivre l'entreprise au moyen de l'adjonction d'un de MM. les administrateurs. M. Goulet-Collet ayant proposé de seconder M. le curé dans l'opération dont il s'agit, le Conseil a voté des remerciements à M. le curé et à M. Goulet. (F° 6.)

M. de Lenoncourt

Du 15 *decembre* 1835. On donne lecture d'un projet d'épitaphe à placer dans l'église métropolitaine sur la sépulture de feu Mgr. de Lenoncourt, décédé archevêque de Reims. Le Conseil ajourne en 1836 la réponse à faire à ce projet.

Du 9 *mai* 1836. Une personne pieuse voulant bien faire paver en mabre le sanctuaire de la chapelle de la sainte Vierge, dite anciennement du saint Laict, et ce sanctuaire étant le lieu où repose feu Mgr Robert de Lenoncourt, décédé en 1532, archevêque de Reims, le Conseil délibère qu'il contribuera aux frais de ce pavé de marbre pour y faire rétablir l'ancienne inscription tumulaire qui était gravée sur une plaque en bronze placée dans ce sanctuaire. M. l'abbé Bida sera invité à donner la forme et le modèle de l'inscription ci-dessus.

Du 13 *juin* 1836. le Conseil délibérant de nouveau sur le placement d'une pierre tumulaire en l'honneur de feu Mgr. Robert de Lenoncourt, archevêque de Reims, ainsi qu'il a été délibéré le 9 mai dernier, arrête que l'inscription qui sera proposée et autorisée par qui de droit, sera gravée sur table de marbre. M. Bara, chanoine-curé, se charge de l'exécution des présentes dispositions.

Autel de la Sainte Vierge

Cet autel, en marbre, a été exécuté par M. Drouart, sculpteur à Reims. Entre les colonnes est placée la statue de la sainte Vierge, sur une sphère entourée d'un serpent; elle tient sur ses bras son divin Fils. Cette statue porte la signature de M. Ladate.

En avril 1845, on fit quelques réparations à cet autel pour la somme de	138 fr.	»»
Et on paya à M. Simon, pour dorure et peinture, celle de..........	1165	»»
Ensemble..............	1303 fr.	»»

(*Inv. ms. p.* 267.)

FIN

ÉPERNAY. — IMPRIMERIE BONNÉDAME ET FILS.

www.ingramcontent.com/pod-product-compliance
Ingram Content Group UK Ltd.
Pitfield, Milton Keynes, MK11 3LW, UK
UKHW021105220726
13924UKWH00004B/1522

9 782019 944131